삶의 모든 상황에서 하나님께 감사하는 법 연습하기

감사의 기술
Practicing Thankfulness

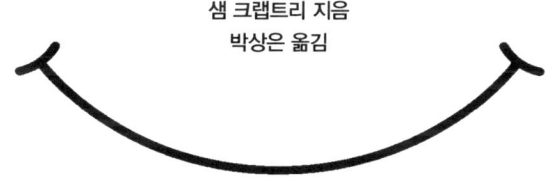

샘 크랩트리 지음
박상은 옮김

생명의말씀사

Practicing Thankfulness

Copyright © 2021 by Sam Crabtree
Published by Crossway
a publishing ministry of Good News Publishers,
Wheaton, Illinois 60187, USA.

This Edition published by arrangement with Crossway
through rMaeng2, Seoul, Republic of Korea.
All rights reserved.

This Korean edition copyright © 2022 by Word of Life Press, Seoul, Republic of Korea.

이 한국어판의 저작권은 알맹2를 통하여 Crossway와 독점 계약한 생명의말씀사에 있습니다.
신저작권법에 의하여 한국 내에서 보호받는 저작물이므로 무단 전재와 무단 복제를 금합니다.

감사의 기술

ⓒ 생명의말씀사 2022

2022년 7월 20일 1판 1쇄 발행
2024년 7월 29일   3쇄 발행

펴낸이 | 김창영
펴낸곳 | 생명의말씀사

등록 | 1962. 1. 10. No.300-1962-1
주소 | 서울시 종로구 경희궁1길 6 (03176)
전화 | 02)738-6555(본사) · 02)3159-7979(영업)
팩스 | 02)739-3824(본사) · 080-022-8585(영업)

기획편집 | 태현주, 전보아
디자인 | 조현진
인쇄 | 영진문원
제본 | 보경문화사

ISBN 978-89-04-16762-3 (03230)

저작권자의 허락없이 이 책의 일부 또는 전체를
무단 복제, 전재, 발췌하면 저작권법에 의해 처벌을 받습니다.

감사의 기술

Practicing Thankfulness

추천의 글

50여 년간 사지 마비 환자로 살아온 나는 감사야말로 만족의 열쇠라고 확실히 말할 수 있다. 이것이 바로 내가 샘 크랩트리의 『감사의 기술』에 열광하는 이유다. 이 놀라운 책은 철저하게 성경적인 시각에 입각하여 하나님 중심적인 감사가 어떻게 자기 자신과 다른 사람들, 그리고 궁극적으로는 하나님에 대한 마음가짐을 변화시키는지 보여 준다. 이 책은 삶의 모든 상황을 기쁘고 감사한 마음을 계발할 강력한 기회로 삼는 데 도움이 되는 실제적인 지침들로 가득하다.

조니 에릭슨 타다(Joni Eareckson Tada)
조니와친구들국제장애인센터 설립자 겸 CEO
『조니』(Joni), 『치유의 장소』(A Place of Healing),
『하나님이 눈물 흘리실 때』(When God Weeps)의 저자

『감사의 기술』을 읽으면서 새삼 감사하는 삶의 아름다움과 감사의 필요성과 감사의 힘을 느꼈다. 그리고 모든 신자가 이 책을 읽어야 한다고 생각하는 나 자신을 발견했다. 얼마 전에 남편 로버트와 나는 인생의 거친 파도에 휩쓸린 적이 있었다. 로버트가 팬데믹 기간 동안에 암 진단을 받은 것이다. 감사는 우리 부부가 이 모든 시련을 겪는 동안, 그리고 가장 힘들었던 날들에도 견딜 수 있는 힘을 주었다. 또한 우리의 시각을 변화시켰으며, 말로 설명하기 힘든 평안과 기쁨을 가져다주었다. 이 근사한 책은 감사가 어떻게 당신에게도 이와 같은 일들을 행할 수 있는지 보여 줄 것이다.

낸시 드모스 월게머스(Nancy DeMoss Wolgemuth)
라디오 방송 '우리 심령을 새롭게 하소서'(Revive Our Hearts) 진행자
트루 우먼 운동(True Woman Movement)의 리더

그리스도인들은 감사해야 할 것이 상상할 수 없을 정도로 너무나 많다. 그러나 감사해야 한다고 아는 것과 실제로 감사를 실천하는 삶을 사는 것은 다르다. 샘 크랩트리는 이 책을 통해 감사하는 마음을 계발하는 구체적인 방법을 알려 줄 뿐만 아니라, 우리가 그리스도와 복음 안에서 받은 것들을 상기시켜 준다. 우리는 이 책에 대해 감사해야 할 것이다.

R. 앨버트 몰러(R. Albert Mohler Jr.)
남침례신학교 총장

이 책은 영적으로 새 힘을 더해 주는 책이다! 10여 개의 성경 구절을 토대로 풍부한 신학적 통찰을 보여 주는 샘 크랩트리는, 감사로 가득한 마음에서 오는 무수한 축복들을 설명한다. 이 책은 내가 읽었던 책들 중에서 '감사'라는 주제를 가장 잘 다루고 있는 책이다. 강력 추천한다!

웨인 그루뎀(Wayne Grudem)
피닉스신학교 신학 및 성경학 연구 교수

샘 크랩트리는 정확한 신학적 이해와 목회자다운 지혜로 우리의 마음이 하나님에 대한 감사로 넘치는 것이 왜 중요한지 알려 준다. 또한 이 같은 자질을 우리의 삶 가운데서 어떻게 계발할 수 있는지도 알려 준다. 이 책은 많은 사람들에게 올해 읽은 책 중 가장 중요한 책으로 꼽히게 될 것이다.

밥 레핀(Bob Lepine)
팟캐스트 방송 '패밀리라이프 투데이'(FamilyLife Today) 공동 진행자
리디머커뮤니티교회 교육 목사

우리는 불확실한 시기에도 우리에 대한 그리스도의 확실한 사랑에서 위안을 얻는다. 우리에게는 감사할 것이 너무도 많다. 우리 중 많은 사람이 시편 기자와 함께 "나에게 주신 모든 은혜를 내가 여호와께 무엇으로 보답할까?" 하고 묻곤 한다. 이 질문에 대한 답은 시편 116편에 권위 있게 제시되어 있으며, 이 책에 아름답게 묘사되어 있다. 강력하면서도 실제적인 이 책은, 와서 주님이 하신 일을 보고 즐기며, 구원의 잔을 높이 들라는 초대다.

글로리아 퍼먼(Gloria Furman)
『주 안에서 살다』(Alive in Him),
『소망을 가지고 하는 일』(Labor with Hope)의 저자

감사하는 태도는 늘 필요하다. 그리고 나는 그게 누구든지 간에 감사하는 태도를 상기시켜 주는 사람의 주변에 있고 싶다. 샘 크랩트리가 바로 그런 사람이다. 이 책에서 그는 감사에 관한 정교하고도 흥미로우며 사려 깊은 관점을 제공한다. 그리고 가장 중요하게는 성경적인 관점을 제공한다. 그는 하나님이 위대하시기에 우리가 그분을 경배한다는 것을 상기시킨다. 하나님은 선하시기에 우리는 그분께 감사드린다. 아멘! '감사'라는 덕목을 고취하기 위한 목적으로만 쓰인 책은 그리 많지 않다. 이 책이 바로 그런 책 중 하나다. 따라서 이 책은 당신이 관심을 가질 만하고, 소장할 만한 가치가 있다. 하지만 책장에 꽂아 두기에 앞서 먼저 읽으라. 이 책은 처음부터 모든 것에 대해 하나님께 감사하는 것의 중요성을 상기시켜 줄 것이다.

앤서니 J. 카터(Anthony J. Carter)
이스트포인트교회 담임 목사

샘 크랩트리에게 감사는 이론에 그치지 않는다. 그는 감사를 알고 있고, 감사 속에서 살고 있다. 그리고 이제 감사를 연구해서 그 결과를 그의 역작 중 하나인 이 책에 담아냈다. 샘과 오랫동안 알고 지내며 함께 사역한 우리는, 이 책의 내용이 실천에 옮겨지는 것을 보아 왔다. 그리고 이제 이 책을 통해 무엇이 샘을 감사하는 사람의 본보기로 만들었는지 좀 더 자세히 들여다볼 수 있었다. 너무나 많은 사람들이 냉소주의와 감사하지 못하는 태도에 점점 더 깊이 빠져드는 것처럼 보이는 오늘날, 샘은 감사를 가르치는 참된 본보기이자 재능 있는 교사라고 할 수 있다.

데이비드 마티스(David Mathis)
웹사이트 '디자이어링갓'(desiringGod.org)의 교사 겸 편집자
시티스교회 목사, 『은혜의 습관』(Habits of Grace)의 저자

샘 크랩트리로 인해 하나님께 감사드린다. 그는 이 책에서 가르치는 것을 실천하는 지혜롭고 쾌활한 형제다. 그는 모든 상황에서 감사한다. (마지막 장 '감사를 표현하는 100가지 방법'을 놓치지 말라.)

앤디 나셀리(Andy Naselli)
베들레헴신학교 조직신학 및 신약학 부교수
베들레헴침례교회 목사

목차

추천의 글　4
머리말　감사의 중요성　14

1　감사의 온당함　19
2　감사의 지혜　37
3　감사하는 마음의 초상　51
4　감사의 열매　63
5　감사하지 않는 삶의 위험성　77
6　감사의 실천　95

7 감사와 만족   107

8 감사와 경이   121

9 감사와 고통   135

10 감사에 장애가 되는 것들   155

11 감사하는 법에 관한 다양한 질문들   163

12 감사를 표현하는 100가지 방법   175

감사의 말   주님, 감사합니다   196

"의인은 종려나무같이 번성하며
레바논의 백향목같이 성장하리로다…
그는 늙어도 여전히 결실하며
진액이 풍족하고 빛이 청청하니"

시편 92편 12, 14절

머리말

감사의 중요성

감사는 사소하거나 대수롭지 않은 것이 아니다. '감사'라고 하는 이 한 가지 자질은 성숙과 미성숙을 판가름하는 잣대라고 할 수 있다. 전쟁은 하나의 전투에서 판가름이 날 수 있다. 결과를 예측할 수 없는 상황에서 어느 한쪽이 결정적으로 승기를 잡게 되는 것이다. 나폴레옹(Napoléon Bonaparte)에게 워털루 전투에서의 웰링턴(Arthur Wellesley, 1st Duke of Wellington)에 대해, 히틀러(Adolf Hitler)에게 연합군의 노르망디 상륙 작전에 대해 물어보라. 전쟁은 한 방향으로 흘러가는 듯 싶다가도, 어느 순간 갑작스럽고 결정적으로 방향이 전환되곤 한다.

감사는 내가 어리석은 행위에 빠져들지 말지 판가름하는 데 있어서 결정적인 역할을 한다.

나는 노년기에 접어들었을 때 불만에 기득 찬 음침하고 심술궂은 노인이 될까 봐 두렵다. 어떻게 하면 그런 상황을 피할 수 있을까?

감사는 단순한 말 이상의 것으로 각 사람의 중심, 즉 그의 우선순위와 하나님과 하나님의 방식에 대한 이해를 드러낸다.

신학자 앨버트 몰러(Albert Mohler)의 말처럼 우리가 얼마나 감사하는가는 "우리가 하나님에 대해 진정으로 믿는 것과 우리 자신에 대해 진정으로 믿는 것, 그리고 우리가 경험하는 세상에 대해 진정으로 믿는 것을 이해하는 열쇠다."[1] 하나님에 대한 감사와 그분에 대한 냉담함 사이에 지혜와 어리석음을 구별하는 경계선이 있다.

감사는 단지 종교적인 의무이거나 해야 할 일 중의 하나가 아니다. 또는 선한 사람들이 하는 일이거나 자녀에게 가르쳐야 할 단순한 예의범절도 아니다. 오히려 감사는 강력한 힘이라고 할 수 있다. 감사는 미래를 위한 전쟁의 승패를 결정짓는다. 감사를 실천할 때 삶은 아름다운 방향으로 나아가게 되고, 열매를 맺게 된다. 반면에 감사에 소홀할 때 삶은 추한 방향으로 흘러가게 되며, 결국 시들고 말 것이다.

---

[1] Albert Mohler, "Thanksgiving as Theological Act: What Does It Mean to Give Thanks?," AlbertMohler.com, November 23, 2016, https://albertmohler.com/2016/11/23/thanksgiving-theological-act-mean-give-thanks/.

우리가 그것을 의식하든 그렇지 못하든 우리는 늘 말할 수 없는 기쁨을 맛보는 데서 오는 만족이나, 뼈저린 후회를 경험하는 데서 오는 고통을 향해 나아가게 된다. 이런 움직임은 빠르고 분명할 수도 있고, 느리고 점진적일 수도 있다. 어쨌든 그것은 항상 (의식적으로나 무의식적으로) 내딛는 한 걸음 한 걸음마다 기쁨이나 슬픔을 쌓아 올리는 것을 의미한다.

감사와 관련된 이 같은 작용은 선택할 수 있는 사항이 아니다. 사람이 감사하지 않기로 선택할 수 있을지는 몰라도, 그런 선택에서 불가피하게 파생되는 결과는 선택할 수 없다.

우리가 이 책에서 펼쳐 보이고 있는 감사의 작용은 광범위한 함축적 의미를 띠고 있으며, 깊은 뿌리를 가지고 있다. 다시 한 번 말하지만, 감사는 우리가 어떤 삶을 살 것인지를 결정짓는다.

그러나 당신은 '감사에 대한 것은 우리가 이미 잘 알고 있는 부분 아닌가? 감사는 전 세계의 모든 시민들이 일상적으로 실천하고 있지 않은가? 특히 그리스도인들이 그렇지 않은가?'라고 생각할 수도 있다.

어느 정도까지는 그렇다고 볼 수 있다. 그러나 장작불을 그냥 내버려 두면 타닥거리다가 결국 사그라드는 것처럼, 감사도 분주하고 고통스러운 세상에서 미처 신경을 쓰지 못하게 되면 쉽게 약해지고 사라지고 만다.

매일의 삶이 우리 마음속에 있는 감사의 깜부기불에 찬물을 끼얹게 되는 것이다.

이 책은 두 부류의 사람들을 위해 쓰였다. 한 부류는 하나님의 선하심을 의심하며, 따라서 감사함을 느끼지 못하는 사람들이다. 다른 한 부류는 하나님의 선하심을 믿지만, 그 선하심에 대한 감사의 표현이 점차 더 성숙해지기를 원하는 사람들이다. 이런 사람들은 보다 진지하고 창의적인 방식으로 하나님과 하나님이 도구로 쓰시는 사람들에게 감사를 표현하고 싶어 한다. 그리고 매우 진지하게 감사의 열매를 맺으려고 한다.

이 책의 목적은 당신이 하나님이 하시는 모든 일에 대해 감사하는 습관을 들임으로써 미래에 하게 될 후회를 최소화하고, 미래에 누릴 안녕은 확대시키는 것이다.

당신은 이미 감사해야 한다는 사실과 감사를 표현하는 기본적인 방법을 알고 있을 것이다. 이 책에서 우리는 감사하는 마음이 작용하는 영향에 대해 살펴보겠지만, 여기서 우리의 주된 목적은 지속적인 감사의 실천에 도움이 되는 것들을 발견하는 것이다. 나는 당신이 이미 좋다고 알고 있는 감사를 실행에 옮길 수 있도록 힘을 북돋아 주고 싶다.

1

감사의 온당함

하나님께 감사하는 것은
적절하고 좋은 일이다

다음과 같은 상황을 한번 상상해 보라. 당신은 오랫동안 중세 시대의 어둡고 축축한 지하 감옥에 갇혀 있으며, 현재 처형이 임박해 있는 상태다. 몸에서는 냄새가, 아니 코를 찌르는 악취가 난다. 감방 안은 칠흑같이 어둡다. 입고 있는 옷은 오래전에 더러운 누더기가 되었고, 사방이 끈적거리는 감방 안에서는 고약한 오물 냄새가 난다. 어느 날 간수가 다가오는 소리가 들린다. 철커덩! 문이 열리면서 간수가 고함을 친다.

"누군가가 당신의 몸값을 지불했소. 이제 당신은 자유요!"

뭐라고?

당신은 비틀비틀 지하 감옥의 계단을 오르면서 몸을 돌려 간수에게 묻는다.

"몸값이라고요? 그가 낸 몸값은 얼마였습니까?"

간수가 중얼거린다.

"당신을 대신해서 죽어야 했지."

당신이 묻는다.

"그는 언제 저를 대신해서 죽나요?"

"이미 죽었소."

간수는 어서 돌계단을 올라가라고 손짓한다.

어안이 벙벙해진 당신은 계단을 오르다가 마지막 출입문 앞에서 다시 한 번 묻는다.

"그 사람은 어떻게 죽었습니까?"

"그가 알고 있던 방식대로 죽었소. 산 채로 도륙 당했지."

어떻게 이런 일! 이런 경우 놀라움으로 인해 감사의 마음이 몇 배로 더 커지지 않을까? 그리고 당신은 놀란 가운데서도 자유를 만끽하며 친구들에게, 모든 사람에게 달려가 당신이 얼마나 감사한지 열렬히 외치지 않을까?

그리스도께서 당신의 몸값을 지불하셨으며, 그분 자신이 곧 몸값이다. "인자가 온 것은 섬김을 받으려 함이 아니라 도리어 섬기려 하고 자기 목숨을 많은 사람의 대속물로 주려 함이니라"(마 20:28). 그리스도께서는 빚을 갚을 길이 없는 포로들의 빚을 대신 갚아 주셨다. 그러므로 자유의 몸이 된 포로들에게서 감사의 마음이 솟구치는 것은 너무나도 온당한 일이다!

"나를 능하게 하신 그리스도 예수 우리 주께 내가 감사함은 나를 충성되이 여겨 내게 직분을 맡기심이니 내가 전에는 비방자요 박해자요 폭행자였으나 도리어 긍휼을 입은 것은 내가 믿지 아니할 때에 알지 못하고 행하였음이라 우리 주의 은혜가 그리스도 예수 안에 있는 믿음과 사랑과 함께 넘치도록 풍성하였도다 미쁘다 모든 사람이 받을 만한 이 말이여 그리스도 예수께서 죄인을 구원하시려고 세상에 임하셨다 하였도다 죄인 중에 내가 괴수니라"(딤전 1:12-15).

우리는 늘 공급받는다

헤아릴 수 없을 만큼 가치 있으며 모든 사람이 받을 만한 우리의 구원뿐 아니라, 모든 사람이 가진 모든 것이 하나님에게서 비롯된다.

하나님은 만민에게 생명과 호흡과 만물을 친히 주시는 분이시다(행 17:25). 하나님은 (우리가 의식하든 그렇지 못하든) 우리를 존재하게 하시고, 우리를 붙잡아 주신다. 우리는 1년 365일, 하루 24시간 하나님에게서 공급받고 있다. 우리 삶의 모든 면에서 우리는 수혜자인 것이다.

그렇다면 수혜자로서 은혜를 베푸신 분께 크나큰 감사를 표현하는 것은 얼마나 온당한 일인가! 그리고 감사하지 않는 것은 얼마나 잘못된 일인가!

감사하는 것과 감사하지 않는 것은 가르마를 오른쪽으로 탔다가 왼쪽으로 타는 것처럼 별것 아닌 일이 아니다. 나란히 떨어지는 빗방울이 대서양으로 흐르느냐 태평양으로 흐르느냐를 결정하는 대륙의 경계선처럼, 감사하는 것과 감사하지 않는 것은 완전히 다른 결과를 가져온다.

바울은 고린도 교인들에게, 그리고 우리에게 다음과 같은 수사적 질문을 던진다. "네게 있는 것 중에 받지 아니한 것이 무엇이냐"(고전 4:7). 정답은 분명하다. 우리가 가진 모든 것이 받은 것이라면, 이 모든 것에 대해 감사하는 마음을 갖는 것은 마땅한 일이다.

하나님은 현재 우리가 가진 모든 것을 주셨을 뿐만 아니라, 미래에 갖게 될 모든 것 또한 주실 것이다. "자기 아들을 아끼지 아니하시고 우리 모든 사람을 위하여 내주신 이가 어찌 그 아들과 함께 모든 것을 우리에게 주시지 아니하겠느냐"(롬 8:32). 하나님의 공급하심에는 끝이 없다. 우리가 '이건 하나님에게서 받지 않았으니까 이것에 대해서는 하나님께 감사할 필요가 없어.'라고 생각할 만한 것은 아무것도 없다. 깨어 있는 영혼이라면 하나님의 은혜가 더할수록 그분의 선물을 알아차리고 감사히 여길 것이다.

하나님은 우리에게 빚진 것이 없으시다. 단 하나도 없으시다. 우리가 가진 모든 것은 은혜를 통해 주어진 것으로, 받을 자격도 없고, 받기 위해 수고하지도 않았고, 요청하지도 않은 것이다. 하나님은 우리 각자에게 우리가 청한 적도 없고, 센스 있게 미리 주문한 적도 없는 수많은 것을 주셨다. 당신은 하나님께 두 개의 신장을 달라고 요청했는가? 눈에 수분을 공급해 주는 눈물샘을 달라고 요청했는가? 지구를 둘러싸고 있는 오존층을 달라고 요청했는가? 뇌의 시냅스를 달라고 요청했는가? 아니, 우리는 요청한 적이 없다. 하나님은 이 모든 것을 우리에게 주셨다.

이런 말로 다 형용할 수 없는 관대함은 반응을 필요로 한다. 당신은 어떻게 반응하고 있는가? 우리가 보여야 할 올바른 반응은 감사하는 것이다. 그러면 감사란 무엇일까?

"감사는 하나님으로부터 주어진 은혜를 알아보는 영적 능력이자 그 은혜와 은혜 베푸신 분의 선하심을 인정하고자 하는 마음이다."

사실 성경에 '은혜'와 '감사'로 번역되어 있는 단어는 같은 헬라어 어원을 가지고 있다.

하나님은 아무것도 헛되이 하지 않으신다

하나님은 항상 언제 어디서나 자신의 영광과 우리의 선을 위해 일하고 계신다. 그리고 하나님이 하시는 일 중에 헛된 것은 아무것도 없다. 하나님은 우리를 위해 모든 것이 합력하여 선을 이루도록 하셨다. "우리가 알거니와 하나님을 사랑하는 자 곧 그의 뜻대로 부르심을 입은 자들에게는 모든 것이 합력하여 선을 이루느니라"(롬 8:28). 바울은 우리가 이것을 알고 있다고 말한다. 과연 그럴까? 우리는 하나님이 그분을 사랑하는 자를 위해 모든 것이 합력하여 선을 이루게 하신다는 사실을 알고 있는 것처럼 행동하고 있는가?

나는 이런저런 것들에 대해 불평함으로써 평소에 내가 주장하는 것만큼 하나님을 사랑하지 않을 수도 있다는 사실이 드러나지는 않을까 두렵다. 나는 바울이 내가 안다고 말하는 것, 즉 하나님이 나를 위해 모든 것이 합력하여 선을 이루도록 하신다는 사실을 모르는 것처럼 행동하고 있다.

하나님이 그분을 사랑하는 자를 위해 모든 것이 합력하여 선을 이루도록 하시는 이유는, 하나님 자신이 선하시기 때문이다. 따라서 하나님의 선물에 대한 우리의 참된 감사의 밑바탕에는 하나님에 대한 우리의 경외가 자리하고 있다. 존 파이퍼(John Piper)의 말처럼 "만약 우리의 감사가 선물에 앞서 하나님의 아름다움에 근거하고 있지 않다면, 그것은 아마도 감사로 위장된 우상 숭배일 것이다."[2]

하나님은 위대하신 동시에 선하시다. 우리는 하나님의 위대하심을 찬양하고, 그분의 선하심에 대해 감사한다. 하나님이 우리가 볼 수 있는 어떤 행동을 통해 그분의 위대하심을 드러내시든 그렇지 않으시든 간에 하나님은 위대하신 분이다. 하나님의 광대한 능력과 지혜로 인해 우리는 겸허히 그분을 찬양한다.

만약 하나님이 위대하시지만 우리에게 친절하지 않으셨다면, 하나님은 괴물과도 같은 존재였을 것이다. 하나님은 우리를 가루로 만들어 날려 버리실 수도 있다. 사실 그렇게 하셔도 전적으로 온당하시다. 비록 그렇게 하실지라도 그분은 여전히 그 크신 권능으로 인해 찬양받아 마땅하시지만, 우리는 그런 하나님께는 감사하지 않을 것이다.

그러나 우리는 하나님께 감사한다. 하나님이 우리가 하나님 안에서 누리는 영원한 기쁨을 이루게 하시는 데 그분의 권능을 사용하시기 때문이다. 하나님은 우리가 겪는 시련을 통해서도 지극히 크고 영원한 영광의 중한 것을 우리에게 이루게 하신다 (고후 4:17). 믿는 자들은 하나님을 두려워하는 동시에 하나님을 좋아한다. 우리는 하나님을 찬양하는 동시에 감사한다.

---

[2] John Piper, *A Godward Life* (Sisters, OR: Multnomah, 1997), 213–214.

이것이 신자와 마귀를 구별해 주는 특징이다. 마귀는 신학을 알고 있고, 성경 구절을 암송할 수 있다. 또한 그리스도의 가르침을 알고 있고, 그분의 정체도 알고 있다. 마귀는 조만간 그리스도 앞에 무릎을 꿇게 될 것이다. 하지만 그분을 좋아하지는 않는다. 마귀도 그리스도를 찬양할 수 있으며, 그분을 두려워한다. 그리스도의 놀라운 능력을 알기 때문이다. 그러나 그는 그리스도를 기뻐하지도 않고, 그분께 결코 감사하지도 않는다.

반면에 신자는 하나님을 기뻐하고 그분께 감사한다. 트럼퍼 롱맨(Tremper Longman)은 "그리스도인과 비그리스도인의 진정한 차이점은, 그리스도인은 하나님께 감사한다는 것이다."[3]라고 말했다.

최근에 나는 통역사를 통해 한 중국인 여성을 인터뷰한 적이 있다. 그녀는 중국을 떠나 서방 세계를 두루 다니며 불교와 기독교의 차이를 이해하려고 노력했는데, 그녀가 서양인들에게서 받은 대체적인 인상은 다음과 같았다. "그들은 감사하지 않더라고요. 그러니까 그리스도인이 아닌 게 틀림없어요." 나는 그녀의 말을 거울삼아 스스로를 돌아보곤 한다.

---

[3] Tremper Longman, *How to Read the Psalms* (Downers Grove, IL: InterVarsity Press, 1988), 144.

매 순간 더 커지는 감사

하나님은 언제 어디서나 선한 일을 하시므로 하나님을 경외하는 자가 감사하지 않아도 되는 때라는 것은 없다. 매 순간이 하나님이 행하시는 기이한 일들을 관찰하고, 받아들이고, 음미할 수 있는 또 다른 기회인 것이다. 하나님은 평범한 것들로도 놀라운 일을 행하신다. 예를 들면 공중에 날아다니는 독수리의 자취와 반석 위로 기어 다니는 뱀의 자취와 바다로 지나다니는 배의 자취와 남자가 여자와 함께한 자취 등은 우리가 이해하기에는 심히 기이한 일들이다(잠 30:18-19).

하나님은 그분을 사랑하는 자를 위해 모든 것이 합력하여 선을 이루게 하시므로, 우리가 '모든 것에 대해서'(for everything) 우리 주 예수 그리스도의 이름으로 항상 아버지 하나님께 감사하는 것이 마땅하다(엡 5:20). '항상' 그리고 '모든 것에 대해서' 말이다!

우리가 감사해야 하는 정도에 대해 많은 사람이 '모든 상황에서'(in everything) 감사하라는 데살로니가전서 5장 18절 말씀만을 인용하는 경향이 있다. 그러면서 모든 것에 대해서가 아니라, 모든 상황에서 감사해야 한다고 말한다(우리말 개역개정 성경에는 에베소서 5장 20절과 데살로니가전서 5장 18절 모두 '범사에'라고 번역되어 있다-편집자 주).

그러나 감사에 관한 성구는 데살로니가전서 5장 18절만 있는 것이 아니다. 성경에는 감사에 관한 구절들이 훨씬 더 많이 담겨 있다. 에베소서 5장 20절은 범사에, 즉 '모든 것에 대해서' 감사하라고 말한다.

무엇에 대해 감사할 것인가? 모든 것에 대해서 감사해야 한다. 언제 감사할 것인가? 항상 감사해야 한다.

그러니까 에베소서 5장 20절의 감사는 데살로니가전서 5장 18절의 감사를 훨씬 더 큰 것으로, 다시 말해 모든 상황 가운데서 단순히 감사하는 정도가 아니라 모든 것에 대해 감사하는 것으로 확장시킨다.

'모든 상황에서 감사하는 것'에 대해 한번 생각해 보자. 헝가리 속담 중에 "다리가 무너지면 아주 좁은 널빤지도 귀하다."라는 말이 있다. 이것은 데살로니가전서 5장 18절에 나타난 삶의 태도를 수용하는 한 가지 방식일 것이다. 우리는 이 같은 태도를 받아들여 다리가 무너지면 다리의 남은 부분에 대해 감사해한다. 그러나 무너진 부분에 대해서도 감사하게 여기는가?

비슷한 예를 하나 더 들어 보기로 하자. 사람들은 혹독한 겨울로 유명한 미네소타의 추위보다는 차라리 모기가 낫다는 농담을 하곤 한다. 그러나 모기떼가 기승을 부릴 때 과연 하나님께 감사할 수 있을까?

에베소서 5장에서 우리는 모기떼가 기승을 부릴 때에도, 다리의 무너진 부분에 대해서도 감사하는 법을 배울 수 있다. 하나님은 모기가 있는 곳과 없는 곳 모두에서 일하시며, 다리의 남은 부분뿐 아니라 무너진 부분에서도 일하신다. 하나님은 우리를 위해 모든 것이 합력하여 선을 이루게 하신다.

이것은 우리의 본성에 반하는, 받아들이기 힘든 가르침이다. 이것은 하나님을 사랑하는 자를 위해 모기떼와 무너진 다리를 포함한 모든 것에 대해 끝까지 손을 놓지 않고 일하시는 하나님에 대한 믿음을 필요로 한다. 무너진 다리에 대해 가볍게 말하고자 함이 아니다. 우리 집 주방 창문에서는 미시시피강을 가로지르는 10차선 규모의 다리가 보인다. 2007년에 13명의 사망자와 145명의 부상자를 내고 무너졌던 다리를 복원한 것이다. 우리는 이 사고에 대해서도 감사해야 할까?

우리는 하나님이 항상 일하고 계심을 이해할 필요가 있다. 살다 보면 하나님을 슬프시게 하는 것들, 우리를 고통스럽게 하는 사건들, 자신의 백성에 대한 하나님의 연민과 위로를 불러일으키는 일들이 있을 수 있다. 그러나 이런 일들조차도 우발적인 사고나 계획상의 오류가 아니다. 이런 일들은 자신의 아들을 보내셔서 죽게 하실 만큼 우리를 사랑하시는 바로 그 하나님, 우리를 떠나지도 않고 버리지도 않겠다고 말씀하신 그 동일한 하나님에게서 비롯된 것이다.

비록 우리로서는 하나님이 어떻게 그렇게 하실 수 있는지 이해하기 힘들지라도 하나님은 여전히 우리 곁에 계신다. 또한 우리를 위해 모든 것이 합력하여 선을 이루게 하시기에 우리는 극심한 고통 속에서도 여전히 하나님께 감사할 수 있다.

하나님이 항상 일하고 계시고 항상 선하시다는 확신이 없으면, 이 같은 급진적인 감사는 불가능하다. 무너진 다리나 암, 유산, 배우자의 외도, 자녀의 죽음, 실직, 경제 공황 등을 포함하여 우리에게 고통과 상처와 트라우마를 안겨 주는 모든 것은, 그리스도 안에 있는 모든 사람들을 위하시는 하나님의 전적인 통제 아래 있다.

51세의 트럭 운전사 폴 아이크스타트(Paul Eickstadt)는 다리 붕괴 사고로 사망했다. 그것이 그의 삶의 마지막이었을까? 그렇다. 하지만 단지 좁은 의미에서만 그렇다고 할 수 있다. 다른 의미에서 보면 그의 죽음은 삶의 마지막이 아니었다. 그가 운전하던 트럭이 떨어져 내린 강가의 둑에는 다음과 같은 글귀가 새겨진 추모비가 있다.

"나는 전국 방방곡곡을 여행하는
여행자였다네.
나는 산의 간증을 들었고
하늘이 하나님의 영광을 선포하는 것을 들었지.

콘크리트와 강철이 무너져 내릴 때까지

나는 고속 도로를 달리며 여행을 했네.

비록 다리가 무너져 땅속에 묻혔지만

나는 여전히 살아 있다네!

인간이 만든 것은 나를 저버렸지만

나의 구원자께서는 내 곁에 계셨네.

예수 그리스도께서 하신 일을 생각하세.

그분의 사랑은 영원하리니."

폴 아이크스타트가 죽었을 때 하나님이 그를 저버리셨다고 결론짓는 것은 하나님이 그에게서 손을 떼셨다고 결론짓는 것과 같다. 하지만 전혀 그렇지 않다. 하나님은 그에게서 손을 뗀 적이 없으시다. 감사하지 않는 마음은 그다음 이야기가 펼쳐지기에 앞서 섣불리 하나님을 판단한다. 그러나 하나님은 결코 우리에게서 손을 떼지 않으신다.

숨쉬듯 자연스러운 감사

'항상 모든 것에 대해서' 감사하려면 매 순간 호흡하는 것에 대해서도 하나님께 감사해야 한다. 만민에게 생명과 호흡과 만물을 친히 주시는 이가 바로 하나님이기 때문이다(행 17:25). 오, 나에게 감사하는 일이 숨쉬듯 자연스러운 일이 되기를 바란다!

우리는 감사하기 위해 더 많은 것이 필요한 것은 아니다. 오히려 우리는 이미 가지고 있는 것에 대해 더 감사해야 한다. 하나님은 하루에 2만 번쯤 되는 우리의 모든 호흡을 주셨다. 우리의 모든 눈 깜빡임과 심장 박동, 모든 세포와 뇌파, 그리고 우리 몸속을 돌아다니는 모든 미립자도 주셨다.

그뿐만이 아니다. 하나님은 또한 태양이 지구로부터 적당한 거리에 있도록 하심으로 우리가 그 안에서 살 만하고 식량을 생산하기에 알맞은 기후를 주셨다. 그리고 밀물과 썰물, 바람을 이용하여 바다와 대기를 깨끗하게 하시고, 지구로 날아오는 소행성이 대기나 달의 중력장에 빨려 들어가게 하심으로 지구와 충돌할 위험을 없애 주셨다.

하나님은 우리에게 추론하고, 기억하고, 연관 짓고, 그리고 감사하게도 잘못을 뉘우칠 수 있는 능력을 주셨다. 우리에게 몸과 조상을 주셨으며, 지문과 성염색체를 주셨다. 우리를 무척 사랑하셔서 그를 믿는 자마다 멸망하지 않고 영생을 얻게 하시려고 독생자를 주셨다(요 3:16). 또한 약속과 소망을 주시고, 시련과 믿음을 주셨다(시련에 대해서는 나중에 더 자세히 다루겠다).

1 감사의 온당함

우리 주위에는 우리가 상상할 수 있는 것보다 훨씬 더 많은 축복이 우리를 둘러싸고 있다. 지구상의 인구가 아무리 많아도, 우리에게는 감사할 것이 결코 바닥나지 않을 것이다.

다른 사람들의 감사를 빼앗는 것은 불가능하다. 한 사람이 무언가에 대해 감사했다고 해서 다른 사람이 똑같은 것에 대해 감사할 수 없다는 의미는 아니다.

한 사람의 감사는 결코 다른 사람들의 감사를 줄어들게 하지는 못한다. 사실 그 반대다. 감사는 전염병처럼 널리 퍼지고 강화되는 경향이 있다. 그러니 감사하기를 열망하고, 감사를 널리 퍼뜨리자.

하나님께 감사하는 것은 감정적으로는 기쁘고, 도덕적으로는 온당한 일이다. "여호와께 감사…하는 것은 좋은 일입니다"(시 92:1, 현대인의성경). 하나님께 감사하는 것은 좋은 일이다. 하나님께 감사하는 것은 참으로 적절한 일이며, 감사는 예배자를 하나님 및 삶의 모든 것과 올바른 관계를 맺을 수 있게 해준다.

감사는 하나님의 은혜를 얻기 위한 것이 아니며, 오히려 우리가 이미 하나님의 은혜를 누리고 있다는 증거다. 그러므로 감사는 종교 활동 계좌에 종교적인 '행위'를 적립하는 것이 아니다. 감사는 믿음에서 나며, 믿음은 선물이다(엡 2:8-9). 따라서 감사한 마음이 들 때 우리는 감사한 마음이 든다는 것 자체에 감사해야 한다. 감사하는 마음은 선물로 주어진 것이니 그 선물을 주신 분께 감사하자.

감사를 실천하는 것은 크리스마스 선물로 당신이 입지도 않을 새 스웨터를 주신 할머니께 예의상 감사하다고 말하는 것을 넘어선 그 무엇이다. 감사는 온통 하나님의 절대적이고 완전한 주권과, 만유의 주재이신 하나님의 위엄, 그리고 우리를 위해 모든 것이 합력하여 선을 이루게 하시는 하나님의 친절하심과 관련이 있다.

수년 동안 무수히 많은 기도회에 참석하면서 느낀 것이 있다면, 우리가 하는 기도가 무엇인가를 요청하는 쪽으로 흐를 때가 많다는 것이다. 요청하는 것이 잘못된 것이라는 말이 아니다. 하나님은 요청하라고 하신다. 하지만 요청을 하다 보면 감사가 뒤로 밀려나기 쉬운 것이 사실이다.

감사는 우리의 기도 생활에서 주요한 위치를 차지해야 마땅하다. 기쁜 마음으로 드리는 감사는 지금 하나님이 우리를 돌보고 계신다는 확신을 심어 주며, 하나님이 우리를 온전하게 하실 것이라는 소망을 키워 준다. "소망은 감사의 토양에서 자란다."[4]

---

[4] David Little, *Imago Hearts* newsletter, August 7, 2019.

2

감사의 지혜

**감사는 지혜로운 사람의
기본적인 마음가짐이다**

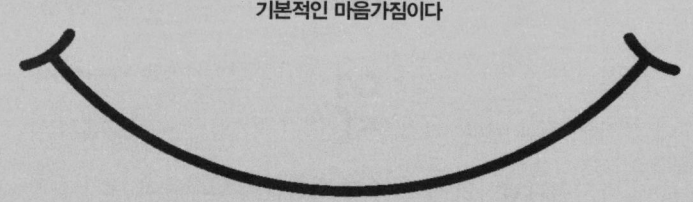

감사는 하나님이 주시고 축복하신 이 현실 세계에서 너무도 전적으로 온당한 일이기 때문에, 감사하는 것은 우리 마음이 참여할 수 있는 가장 고상한 형태의 정신 활동이라고 할 수 있다.

나는 G. K. 체스터틴(G. K. Chesterton)이 한 다음과 같은 말에 동의한다. "감사는 가장 고상한 형태의 생각이며, 놀라움에 의해 배가되는 행복이라고 말하고 싶다."[5]

지혜로운 사람들은 감사의 마음을 갖는 것에 우선순위를 둔다. 다시 말해서 감사는 지혜로운 사람들의 기본적인 마음가짐이라고 할 수 있다.

참된 감사는 하나님의 임재와 공급하심에 대한 확실한 앎에 뿌리를 두고 있다. 이것은 나윗의 다음과 같은 기도에서 알 수 있다. "하나님이여 내가 주께 서원함이 있사온즉 내가 감사제를 주께 드리리니 주께서 내 생명을 사망에서 건지셨음이라

---

[5] G. K. Chesterton, "Christmas and Salesmanship," in *The Collected Works of G. K. Chesterton* (San Francisco: Ignatius Press, 2012), 37:205.

주께서 나로 하나님 앞, 생명의 빛에 다니게 하시려고 실족하지 아니하게 하지 아니하셨나이까"(시 56:12-13).

생각과 감사

일반적으로 감정은 생각에서 비롯된다. 그리고 감사의 감정은 하나님의 선한 공급하심에 관한 바른 생각에서 솟아나온다. 모든 선하고 완벽한 선물은 하나님에게서 오는 것이다.

문제는 우리가 인간적인 연약함으로 전체를 보지 못한다는 것이다. 우리는 때때로 하나님이 우리에게 허락하신 상황 중 일부가 좋지 않다고, 확실히 완벽하지는 않다고 생각할 수 있다. 사실 우리는 때때로 모든 상황이 나쁘고 그 상황 중 좋은 상황은 전혀 없다고 생각하는 경향이 있다. 우리는 그렇게 잘못 생각하는 것이다. 그리고 그런 식의 잘못된 생각은 감정이 되어 나온다. 그리하여 감사함을 느끼지 못하게 되는 것이다.

그러나 생각하는 사람은 감사한다. 더 정확히 말하자면, 올바르게 생각하는 사람은 겸손하게 감사한다. "감사합니다."라는 말에는 겸손한 태도뿐만 아니라, 상황에 대한 이해도 내포되어 있다. 진정한 이해와 겸손은 항상 함께한다.

겸손과 이해가 한데 섞인 이런 태도를 하나님의 아들, 예수 그리스도 안에서 찾아볼 수 있다. 우리는 예수님에 대한 다음과 같은 사실을 알고 있다. "만물이 그로 말미암아 지은 바 되었으니 지은 것이 하나도 그가 없이는 된 것이 없느니라"(요 1:3). "만물이 그에게서 창조되되 하늘과 땅에서 보이는 것들…이 다 그로 말미암고…그가 만물보다 먼저 계시고 만물이 그 안에 함께 섰느니라"(골 1:16-17). 예수님은 만물의 창조에 깊숙이 관여하셨지만, 아버지께 순종해야 하는 자신의 역할을 이해하고 계셨기에 아버지 하나님께 감사하셨다(마 11:25, 눅 10:21, 요 11:41). 삼위일체 안에서 하나님은 겸손하시고 완전한 이해로 하나님께 감사하신 것이다(이것은 삼위일체의 신비 중 하나다).

다시 말하지만 생각하는 사람은 감사한다. 아니면 신디 루바 비숍(Cindy Lubar Bishop)이 데카르트(René Descartes)의 유명한 인용구를 재치 있게 바꿔 말한 것처럼 "나는 존재한다. 고로 나는 감사한다."[61]라고 할 수 있다. 아니면 거기서 한 발짝 더 나

---

61 Cindy Lubar Bishop, *Everyday Gratitude*, ed. Saorise McClory, Kristi Nelson, and Margaret Wakeley (North Adams, MA: Storey Publishing, 2018), 201.

아가 "신은 존재한다. 고로 나는 감사한다."라고 말할 수도 있을 것이다.

진정으로 명료한 생각을 하는 마음은 언제나 감사의 온당함을 인식할 것이다. 어쨌든 감사는 공로를 인정받아 마땅한 사람의 공로를 인정해 주는 것이다. 얼마나 합리적인가! 일을 하는 사람이 그 공로를 인정받을 때 천지만물은 제자리를 찾게 된다. 생명과 호흡과 그 밖의 모든 것을 주신 분은 하나님이므로 하나님은 늘 그 공로를 인정받으시기에 합당하시다.

따라서 지속적으로 하나님께 감사하는 사람들은 대단히 분별 있는 사람들이다. 그리고 제정신인 사람 치고 분별이 없기를 바라는 사람이 누가 있겠는가?

나중에 로마서 1장을 다룰 때 다시 살펴보겠지만, 하나님께 감사하기를 거부하는 사람들은 그들의 불의로 진리를 막는 죄를 짓고, 결국 혼란과 어리석음과 어둠에 빠져 온갖 악과 타락에 빠지게 될 것이다.

그러니 정신을 똑바로 차리고 하나님께 감사하라.

감사하는 마음은 참소망을 붙들 수 있다. 감사는 믿음 안에서 우리 인생에 헛된 것은 아무것도 없음을 돌아보게 하는 한편(하나님은 아무것도 헛되이 하지 않으신다), 소망은 믿음 안에서 아무것도 헛되지 않을 것이라고 기대하게 한다. 따라서 감사는 우리의 소망을 밝게 해준다. 우리는 과거에 하나님이 주신 것들을 돌아볼 때마다 장차 받을 것들을 더 큰 소망을 가지고 기대하게 된다.

이런 소망은 많이 가질수록 좋다. 만약 감사가 돈이라면 얼마든지 찍어 낼 수 있을 것이다. 하나님은 한없이 관대하시기에 이것을 금하는 법은 없다. 따라서 감사하는 사람은 결코 마르지 않는 샘을 만난 셈이다.

진심으로 감사하는 사람들은 또한 운을 믿지 않는다. 모든 것이 순조로울 때 그것을 운이 좋아서라고 생각하는 것은 적절하지 않다. 우선 그것은 하나님이 받으시기에 합당한 감사와 영광을 하나님에게서 빼앗는 것이기 때문이다. 또한 운 같은 것은 없기 때문이다. 운이 좋았다고 말하는 사람은 그가 자신이 생각하는 것만큼 분별이 있지는 않다는 사실을 드러낼 뿐이다. R. C. 스프로울(R. C. Sproul)은 다음과 같이 말했다.

"하나님께서 통치하시는 우주에 우연한 사건이란 없다. 우연이란 우리가 수학에서 확률을 설명하기 위해 사용하는 말일 뿐이다. 우연은 존재하지 않기에 아무런 힘도 없다. 우연은 현실 세계에 영향을 미칠 수 있는 어떤 것이 아니다. 그것은 아무것도 아니다."[7]

---

[7] R. C. Sproul, *Essential Truths of the Christian Faith* (Wheaton, IL: Tyndale House, 1992), 66.

감사는 상황이 아니라, 하나님의 임재와 관련이 있다. 당신이 얼마나 고통스러운 상황 가운데 있든지 하나님은 그 상황을 통해 열매 맺기를 중단하지 않으신다. 나사로가 죽어도 하나님은 그에게서 손을 떼신 것이 아니다. 다리가 무너져도 하나님께는 그것이 끝이 아니다. 모기떼가 기승을 부려도 하나님은 계속해서 일하신다.

바울은 당신 안에서 착한 일을 시작하신 이가 그리스도 예수의 날까지 이루실 것임을 상기시켜 준다(빌 1:6). 하나님이 당신의 삶에서 시작하신 일을 이루시기 위해 무엇을 하고 계시는가? 바로 이 순간 하나님은 그분의 사랑과 지혜에 의해 끊어지지 않는 연결 고리의 하나로 당신의 현재 상황들을 사용하고 계신다. 당신이 하나님의 아들의 모습을 닮는, 말할 수 없을 만큼 귀한 특권을 누리도록 하기 위해서 말이다.

그러므로 우리는 하나님이 시작하신 일을 이루실 것이라는 약속, 즉 완성된 전체로서의 사슬뿐만 아니라 사슬을 이루는 고리 하나하나에 대해서도 감사하는 것이 현명하다.

감사할 줄 아는 사람들은 또한 감사는 우리가 하나님께 빚진 것이라고 생각하는 것의 위험성을 알고 있다. 어떤 의미에서 우리는 우리가 가진 모든 것에 대해 하나님께 빚진 것이지만, 그분이 우리에게 주신 것에 대해 하나님께 갚을 수 있다고 생각하는 것은 어리석은 일이다. 갚는다면 과연 무엇으로 갚을 것인가? 하나님이 우리에게 이미 주신 것으로 갚을 것인가? 그런 생각은 빚을 지는 상황이 끝없이 반복되는 악순환으로 이어지게 할 것이다.

하나님의 은혜는 빚을 갚는 것이지, 절대 빚을 늘리는 것이 아니다. 우리가 하나님께 감사하는 것은 의무감 때문이 아니라, 감사를 통해 하나님을 영화롭게 하는 것이 우리의 기쁨이기 때문이다.

감사의 바른 방향

'감사하다.'(thanking)와 '밀다.'(pushing)라는 동사를 한번 비교해 보자. 감사하는 것과 미는 것은 둘 다 어떤 대상에 대해 행해진다는 점에서 비슷하다. 우리는 그냥 미는 것이 아니라 '무언가'를 밀며, 그냥 감사하는 것이 아니라 '누군가'에게 감사하는 것이다.

당신이 실제로 무언가를 밀고 있지 않으면서 밀고 있는 것이 단지 '감정'이라고 말하는 것은 비합리적이다. 이처럼 누군가에게 감사의 마음을 전하지 않으면서 감사는 그저 '감정'일 뿐이라고 말하는 것 역시 비합리적인 것이다. 무언가를 밀고 있지 않은 한 "나는 밀고 있다고 느껴."라고 말하는 것은 아무

의미가 없다. 마찬가지로, 우리는 단순히 '존중'할 수는 없다. 우리는 무언가를 존중하거나, 누군가를 존중해야 한다. 바로 존중할 대상이 있어야 한다는 의미다. 감사하는 것도 마찬가지다. 감사한 마음을 단순히 느끼는 것에 그치면 안 되고, 그 마음을 누군가에게 표현해야 한다.

G. K. 체스터턴은 "무신론자에게 최악의 순간은 그가 진심으로 감사하지만 감사할 대상이 없을 때"[8]라고 썼다. 여기서 '진심으로 감사하지만'이라는 말에는 인간이 자기 자신을 창조하지 않았다는 것을 의식하고 있다는 의미가 담겨 있다.

인간은 스스로를 창조하지 않았기에 자신의 존재와 생활, 먹거리, 환경, 행복을 다른 누군가에게 빚지고 있다. 하지만 누구에게 빚지고 있는가? 무신론자는 자연과 성경을 통해 스스로를 계시하시고, 생명과 호흡과 만물을 주신다고 하는 하나님께 그가 생명을 빚지고 있다는 가능성을 외면한다(행 17:25).

미국의 추수감사절 연휴 기간에 세속적인 방송 매체들은 감사의 분위기로 가득하다. 진정한 감사의 고백 없이 감사의 메아리로만 가득 차 있는 것이다. 그들은 무언가를 느끼며 그것을 감사의 감정이라고 부르고 싶어 한다. 그러나 그들이 감사를 표현해야 할 대상이 하나님이라는 사실을 인정하지 않는

---

[8] G. K. Chestreton, paraphrasing poet Dante Gabriel Rossetti, *St. Francis of Assisi*, in *The Collected Works of G. K. Chesterton* (San Francisco: Ignatius, 1986), 2:75.

다. 나는 자녀에게 "무엇에 대해 감사하니?"라고 묻는 부모들을 보았다. 그들은 "누구에게 감사하니?"라고 묻지 않는다. 강조점이 '누구'가 아니라 '무엇'에 있는 것이다.

추수감사절의 무신론자를 무엇에 비유하면 좋을까? 평균대 위에서 완벽한 연기를 펼쳐 보이는 올림픽 체조 선수를 떠올려 보자. 경기가 끝난 후 인터뷰에서 그녀는 평균대가 존재하지 않았던 것 같은 인상을 주고자 한다. 마치 그녀의 모든 동작이 공중에서 이루어지기라도 한 것처럼 말이다. 그러나 그녀가 그 위에서 균형을 잡을 무언가가 없는 한, 그녀는 연기 자체를 하지 못할 것이다.

세속주의자들은 만물을 붙드시고 모든 좋은 것을 우리에게 주시는 하나님의 존재는 인정하지 않은 채, 추수감사절의 따뜻한 분위기만을 즐기고 싶어 한다. 세속주의자들은 우리에게 필요한 것을 공급하시는 분께 감사하지는 않은 채, 그저 막연히 감사하기를 원한다. 체조 선수가 멋진 연기로 메달을 따고자 하는 것과 마찬가지로, 세속주의자는 감사의 근거가 되는 것들은 무시한 채 섭리 같은 것은 없다고 여기면서 자신의 감사하는 마음을 인정받고 싶어 한다.

『하이델베르크 요리 문답』(Heidelberg Catechism)에서 하나님의 섭리를 어떻게 정의하고 있는지 잠깐 살펴보자.

"섭리란 하나님이 항상 지니고 계신 전능한 능력으로, 하나님은 이것으로 하늘과 땅과 모든 피조물들을 붙드시고 다스리신다. 따라서 꽃잎과 풀잎, 비와 가뭄, 풍년과 흉년, 양식과 음료, 건강과 질병, 번영과 궁핍 등 모든 것은 우연이 아니라 하나님 아버지의 자애로운 손길로부터 오는 것이다."[9]

무신론자를 자처하지 않는 다른 사람들은 무언가에게 또는 누군가에게 감사해야 한다는 것을 인정하겠지만, 진정한 후원자이신 '하나님 아버지의 자애로운 손길'에 대해서는 잘 모른다.

교육을 많이 받은 엘리트 계층의 한 남성이 라디오에 나와서 그의 가족은 추수감사절에 유명한 시와 불교 기도문을 읽는다고 말하는 것을 들은 적이 있다. 물활론자들이나 사이비 종교의 신봉자들은 인간이 만든 무력한 우상을 숭배하면서 "이 나라에 부는 상서로운 바람에 감사합시다."라고 말한다.

행운의 별에게 감사하는 점성가들은 별들 너머에 계신, 별들을 창조하신 분을 바라보아야 한다. 이집트의 태양 숭배자들은 태양 너머에 계신, 태양을 붙들고 계시는 하나님의 아들을 바라보아야 한다. V자 모양으로 무리를 지어 하늘을 나는

---

[9] Heidelberg Catechism, Question 27, as updated by the Christian Reformed Church (Grand Rapids, MI: CRC Publications, 1988).

기러기들과 오곡백과를 노래하는 시인들은 그것들 너머에 계시, 살아 있는 말씀이자 참포도나무이시며 생명의 양식이신 분을 바라보아야 한다.

매년 11월이면 방송 매체에 나와 막연하게 감사의 말을 하는 사람들을 보다 보니 그런 사람들에게 다음과 같은 질문을 하면 어떨까 하는 생각이 들었다. "일을 한 사람에게 영광이 돌아가야 한다고 할 때, 방금 말씀하신 놀라운 일들에 대해 누구에게 감사하시겠습니까?" 그리고 이렇게 묻는 것이다. "감사하지만 감사할 대상이 없는 것은 불합리하지 않나요? 감사를 받을 사람이 없는데 감사하는 건 말도 안 되는 일 아닐까요?"

우리가 세상을 즐기면서 세상이 여러 가지 임의적인 힘들에 의해 돌아간다고 여긴다면, 삶에 목적이 있다는 말은 헛소리라고 생각할 수 있다. 그러나 체조 선수가 공중에 떠 있을 수 없는 것처럼 인간은 목적 없이 살아갈 수 없다.

우리는 우리 주변의 모든 좋은 것들이 우리의 노력으로 주어진 것이 아님을 안다. 하지만 인간의 타락한 본성과 진리를 막는 잘못된 방식은(롬 1:18), 너무나 많은 사람들로 하여금 전능하신 하나님의 은혜가 모든 축복의 근원임을 보지 못하게 한다. 그리하여 사람들은 바람이나 카르마, 행운의 별, 임의적인 힘에 감사하게 되는 것이다.

절대로 그렇게 되어서는 안 된다. 우리에게는 명료한 사고를 바탕으로 영원하신 하나님께 진심으로 감사를 드리고, 하나님이 그토록 놀랍게 이루신 것들을 기억하며, 이것을 전파할 특권을 가지고 있다. "하나님이여 우리가 주께 감사하고 감사함은 주의 이름이 가까움이라 사람들이 주의 기이한 일들을 전파하나이다"(시 75:1).

다음 장에서는 감사하는 마음의 초상을 그려 보기로 하자.

3

감사하는 마음의 초상

감사하는 마음이란
어떤 마음가짐인가?

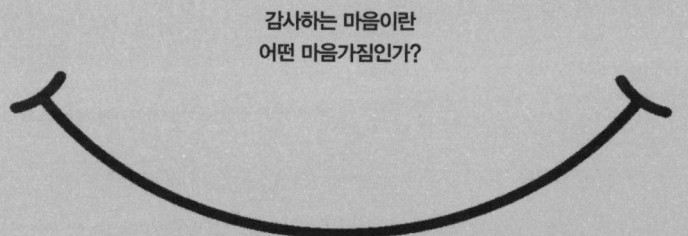

"감사합니다."라고 말하는 것은 처음에는 사회적인 격식, 예절 교본에 나오는 규칙, 예의상 마지못해서 하는 귀찮은 일처럼 보일 수 있다. 그것은 사회적 교류의 장에서 재빠르고 무성의하게 이루어지는 의무 같은 것일 수 있다. 그러나 진정한 감사는 참된 현실에 맞추어진 마음에서 흘러나온다.

우리에게 감사함이 없다면 우리가 처한 상황에 반응하는 방식에는 이미 기쁨이 결여되어 있는 것이다. 이것은 우리가 의례적으로 하는 감사 인사에도 분명히 드러난다. 우리는 보통 결혼식을 올린 후 마지못해 감사 카드를 보내곤 하는데, 이것은 교양 있는 사람으로서 해야 할 의무이기 때문이다. 우리는 자신이 꽤 괜찮은 사람임을 드러내기 위해 이런저런 의무를 수행함으로써 주변 사람들과 좋은 관계를 유지하려고 한다. 그러나 의무감에서 비롯된 것에는 기쁨이 없기 마련이다.

감사는 의무 이상의 것이다. 그것은 특정한 종류의 마음가짐이다.

그렇다면 과연 어떤 종류의 마음가짐일까?

그리스도에 의해 변화된 마음

진정한 감사는 그리스도에게서 비롯된다. 그리스도께서는 우리가 감사하기를 원하시며, 이것을 가능하게 하신다. 데살로니가전서 5장 18절에서 본 것처럼 우리는 모든 상황에서 감사해야 한다. 이것은 그리스도 예수 안에서 우리를 위한 하나님의 뜻이기 때문이다. 하나님은 우리가 감사하기를 원하시며, '그리스도 안에서' 감사하기를 원하신다. 하나님은 우리 안에 풍성히 거하는 그리스도의 말씀을 통해 우리 안에 감사하는 마음이 생겨나게 하신다.

"그리스도의 말씀이 너희 속에 풍성히 거하여 모든 지혜로 피차 가르치며 권면하고 시와 찬송과 신령한 노래를 부르며 감사하는 마음으로 하나님을 찬양하고 또 무엇을 하든지 말에나 일에나 다 주 예수의 이름으로 하고 그를 힘입어 하나님 아버지께 감사하라"(골 3:16-17).

이 구절에서 '무엇을 하든지'와 '다'에 주목하라. 우리는 무엇을 하든지 감사로 가득 차 있어야 한다. 우리의 마음은 그리스도의 말씀을 중심으로 움직인다. 경외와 감사와 사랑 안에서 그분께로 이끌리거나, 아니면 진리를 막는 교만과 완고함과 냉담한 무관심 속에서 그분에게서 멀어진다. 모든 것에 대해, 특히 우리 안에 풍성히 거하는 그리스도의 말씀에 대해 하나님께 감사하는 마음이 샘솟는 것은 그리스도를 통해서다.

감사하는 마음은 작은 계량컵을 사용하지 않는다. 그 안에 말씀이 풍성하고, 믿음이 충만하며, 그리스도를 따르는 사람들은 감사가 가득 넘칠 것이다. "그러므로 너희가 그리스도 예수를 주로 받았으니 그 안에서 행하되 그 안에 뿌리를 박으며 세움을 받아 교훈을 받은 대로 믿음에 굳게 서서 감사함을 넘치게 하라"(골 2:6-7).

내가 감사하는 정도는 내가 과연 스스로 생각하는 만큼 그리스도 안에 뿌리를 박고 세움을 받았는지 자문하는 정도와 같다. 감사의 원천이신 그리스도 안에 뿌리를 박고 그분을 기초로 우리의 인생을 건설하는 것은 아주 중요하다. 우리는 그 안에 뿌리를 박으며 세움을 받아 교훈을 받은 대로 믿음에 굳게 서서 감사함을 넘치게 해야 한다(골 2:7).

그런데 심각한 문제가 하나 있다. 감사하라는 것은 성경의 명령이지만, 우리의 연약한 육신이 순종하기에는 어려운 명령이라는 것이다. "육신의 생각은 하나님과 원수가 되나니 이는 하나님의 법에 굴복하지 아니할 뿐 아니라 할 수도 없음이라"(롬 8:7). 그래서 그리스도께서는 우리 안에 감사하는 마음을 창조하시기 위해 죽으셨다.

하나님에 대한 감사는 그 사람이 영적으로 깨어 있다는 표시다. 하나님께 감사하는 습관은 확실히 하나님을 사랑하고 신뢰하는 마음을 나타낸다.

빌리 그레이엄(Billy Graham)은 이렇게 말했다. "감사하는 마음은 그 사람이 주님께 마음이 맞춰져 있는 그리스도인임을 나타내는 가장 뚜렷한 특징 중 하나입니다. 고난과 모든 박해 속에서도 하나님께 감사하십시오."[10]

반면에 감사하지 않는 것은 사람의 애정이 어디에 있는지에 대한 의문을 제기한다. 하나님이 먼저 사람의 마음 안에서 일하시지 않는 한, 그 사람은 하나님께 온전히 그리고 진정으로 감사하지 않을 것이다. 감사는 하나님 안에 뿌리 박고 있기에 하나님에게서 나오고, 하나님으로 말미암고, 하나님께 돌아간다. 감사하는 마음을 포함한 만물이 주에게서 나오고, 주로 말미암고, 주에게로 돌아가기 때문이다(롬 11:36).

---

[10] Billy Graham, "In His Own Words: Billy Graham on Thankfulness," The Billy Graham Library website, November 21, 2012, https://billygrahamlibrary.org/in-his-own-words-billy-graham-on-thankfulness/.

하나님께 감사하는 마음이 든다면 그런 마음이 생긴 것에 대해 감사하라. 이것을 가능하게 하신 분은 하나님이기 때문이다.

감사와 성장

어떤 의미에서 감사하는 마음은 신앙생활의 가장 기본적인 첫걸음이라고 할 수 있다. 하지만 이것은 신자의 삶에서 결코 사라지지 않는, 중단 없이 계속되는 걸음이기도 하다.

그것은 마치 숨쉬는 것과 같다. 아기가 처음 태어났을 때 우리는 그 아기가 숨을 쉬기를 간절히 바란다. 일단 숨을 쉬었다고 해서 숨쉬는 것을 멈추기를 바라지는 않는다. 우리는 "좋았어, 숨을 쉬었으니까 이제 숨쉬는 건 잊어버리고 다음 단계로 넘어가자."라고 말하지 않는다.

아니면 이제 막 걷기 시작한 아기에게 우리가 어떻게 칭찬하는지 생각해 보라. 우리는 그 시점에서 아기가 걷기를 멈추고 다음 발달 단계로 넘어갈 것을 기대하지는 않을 것이다. 우리는 아기가 평생 동안 계속 걷기를 기대할 것이다.

마찬가지로 감사는 제자의 성장에 있어서 기본이 되는 걸음으로, 결코 포기하면 안 되는 삶의 방식이다.

감사하는 마음은 시작점이다. 우리는 감사함으로 하나님의 문에 들어간다. "감사함으로 그의 문에 들어가며 찬송함으로 그의 궁정에 들어가서 그에게 감사하며 그의 이름을 송축할지어다"(시 100:4). 우리가 감사함으로 하나님의 문에 들어간다면, 아마도 감사를 그 문을 여는 열쇠로 생각할 수 있을 것이다. 그 문에 들어간 후에도 우리는 멈추지 않고 계속 감사한다. 항상 '감사'라고 하는 열쇠를 몸에 지닌 채 의무감에서가 아니라 기쁨으로 말이다.

하나님의 문에 들어가면 우리는 하나님께 가까이 다가갈 수 있다. 우리는 감사와 함께 첫걸음을 내디딘 다음, 아버지께 가는 길을 따라 감사함으로 한 걸음씩 내딛는 것이다.

그러므로 다니엘이 왕의 꿈을 해몽하기 전에 하나님께 감사를 드린 것은 당연하다(단 2:23). 하늘에 있는 하나님의 성전이 열릴 때 스물네 명의 장로들이 하나님께 감사를 드린 것은 당연하다(계 11:1-19).

예수님이 떡을 떼시기에 앞서 하나님께 감사드린 것도 당연하고(눅 22:17-19, 마 26:27), 제자들을 따로 가르치시기에 앞서 감사 기도를 드린 것도 당연하다(눅 10:21). 또한 죽은 나사로를 살리실 때 감사 기도로 시작하신 것도 당연하다(요 11:41-42). 예수님은 그다음에 이어질 보다 중요한 일을 위해 별도로 감사 기도를 드리신 것이 아니다.

3 감사하는 마음의 초상

오히려 감사 기도는 예수님이 하시는 일의 첫 단계이자 필수적인 부분이었다.

겸손과 의존

감사의 마음은 자신이 하나님께 의존하고 있음을 아는 데서 비롯된다. 그리고 자신이 하나님께 의존하고 있음을 아는 것은 겸손에 가깝다.

하나님은 교만한 자를 멀리하시고, 겸손한 자에게 은혜를 베푸신다. 우리에게 필요 없는 것이 하나 있다면 그것은 '하나님의 멀리하심'이고, 우리에게 필요한 것이 하나 있다면 그것은 '하나님의 은혜'다.

겸손한 영혼은 하나님에 대한 감사의 마음을 주신 하나님께 감사한다. 하나님은 감사하지 않는 마음을 감사하는 마음으로 변화시키시며, 우리는 이것에 대해 하나님께 감사한다. 우리는 하나님께 의존하고 있고, 우리가 하나님께 의존하고 있음을 알고 있다.

겸손은 외부에서 공급되는 것들의 역할을 받아들이는 것을 의미한다. 우리는 우리가 하나님과 다른 사람들에게 전적으로 의존하고 있음을 알고 감사를 표현할 방법을 찾는다.

당신은 우리가 즐기는 것 중 얼마나 많은 것들이 다른 사람의 수고를 통해 이루어지는지 알아차린 적이 있는가? 우리 모두는 너무나 많은 것들을 다른 사람들에게 빚지고 있다.

- 당신이 태어날 때 당신은 아무것도 할 수 없었지만, 당신의 어머니와 출산을 돕는 사람들은 많은 수고를 했다.
- 수많은 군인들이 나라를 위하여 목숨을 잃거나 부상을 당했다.
- 미국 역사의 초창기에 애국자들은 견실한 나라를 세우기 위해 자신의 생명과 재산과 명예를 바칠 것을 맹세했다.
- 오늘날 우리가 당연하게 여기는 많은 물건들이 파나마 운하를 통과하는데, 이 운하를 건설하는 과정에서 많은 노동자들이 목숨을 잃었다.
- 운전 강사들은 아찔한 상황들을 감내하며 초보자들이 운전면허를 딸 수 있도록 돕는다.
- 경찰관들은 날마다 다른 모든 사람의 안전을 위해 위험을 무릅쓰고 치안 유지에 힘쓴다.
- 소방관들은 잡동사니로 가득 찬 우리의 다락방을 지키기 위해 목숨을 건다.
- 수세기 동안 믿음이 충만한 복음 전도자들은 자신의 모든 소유를 잃을지도 모르는 위험을 감수해 가며 복음을 전했

고, 그 덕분에 오늘날 우리에게는 예수님의 말씀에 반응할 수 있는 기회가 주어졌다.

기회가 주어진 만큼 우리는 우리가 의존하는 사람들에게 직접 감사를 표현함으로써 열매를 맺는다. 그리고 우리가 빚을 졌지만 오래전에 고인이 된 사람들에 대해서는 하나님께 감사할 수 있다. 그리고 다른 사람들에게 그들의 희생을 알려 줄 수도 있다.

감사하는 사람들은 자신이 다른 사람들에게 의존하고 있음을 인식하고, 감사한 마음을 담아 그 이야기를 전한다. 우리가 다른 사람들에게 의존하고 있음을 아는 것은 감사를 낳고, 감사의 마음은 우리의 의존 상태를 더 많이 깨닫게 해준다. 이같은 앎과 감사의 선순환은 끝없이 이어지며 기쁨을 낳는다.

다른 누군가에게 의존하는 데 있어서는 강한 사람들도 예외가 아니다. 1950년대에 폴 앤더슨(Paul Anderson)은 2,840킬로그램의 무게를 들어올려 세계에서 가장 강한 남자로 선정되었다. 그가 여덟 명의 내의 미식축구 선수들이 앉아 있는 테이블을 들어올리고 몇 발짝 걸었을 때 나는 청중석에 앉아서 그 광경을 지켜보고 있었다. 그는 다른 물건들도 들어올려 보였다. 그 후에 그는 약 5,000명의 청중에게 "하나님이 힘을 주지 않으시면 저는 한 발짝도 걸을 수 없습니다."라고 말했다.

이렇듯 강한 사람들도 다른 사람들에게 의존하는 만큼, 감사는 모든 사람이 지녀야 할 덕목이다. 강하든 약하든 우리 모두는 각자의 힘을 전능하신 하나님께 빚지고 있는 것이다.

다음 장에서는 감사의 열매에 대해 살펴보기로 하자.

4

감사의 열매

감사는 영혼의 행복을 지켜 주는
강력한 수호자다

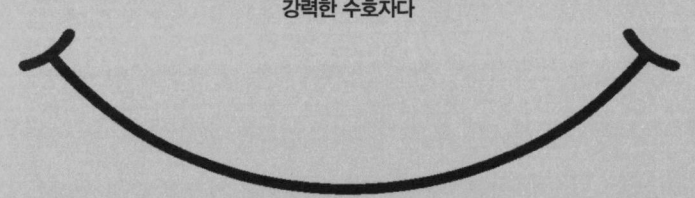

감사는 예의에 불과한 것이 아니다. 감사함을 실천하는 것은 생산적이다. 감사는 감사하지 않았더라면 일어나지 않았을 일들을 일어나게 한다. 그것이 바로 감사에 대해 하나님이 정하신 방식이다. 감사는 모든 사람에게 유익하다. 감사할 때 당신은 하나님을 더 기뻐하게 되고, 하나님은 더 많은 영광을 받으시며, 당신의 주변 사람들은 당신이 하는 감사의 말이나 행동을 통해 즐거워하게 된다.

감사하는 것이나 감사하지 않는 것으로부터 비롯되는 결과는 선택적으로 적용되지 않고 보편적으로 적용된다. 누구도 하나님이 정하신 기본적인 우주 질서에서 벗어날 수 없다. 우주 질서에는 감사하는 것과 감사하지 않는 것에 관한 역학도 포함된다. 감사에는 우리 영혼의 안녕이 걸려 있다. 존 블룸(Jon Bloom)의 말처럼 "감사는 우리 영혼의 건강을 나타내 주는 중요한 지표이자 영혼의 행복을 지키는 강력한 수호자"[11]인

---

[11] Jon Bloom, "Fill Your Wandering Heart with Thankfulness," desiringGod.org, November 18, 2018, https://www.desiringgod.org/articles/fill-your-wandering-

것이다. 감사는 신자의 변화된 마음 밭에서 자라는, 가장 아름답게 피어나는 꽃이라고 할 수 있다. 감사를 표현하는 것은 매우 간단하지만 더없이 강력하다. 그것은 가벼이 여겨서는 안 되는, 사람을 변화시키는 힘을 가지고 있다.

감사의 열매는 생산적이다. 감사는 전에 없던 무언가를 만들어 낸다. 로마의 정치가 키케로(Marcus Tullius Cicero)는 "감사함을 표현하는 것보다 더 높이 평가할 수 있는 것은 아무것도 없다. 이것은 가장 위대한 미덕일 뿐 아니라, 다른 모든 미덕의 어버이기도 하다."[12]라고 썼다.

하나님 앞에서 스스로를 정당화하고자 하는 독선적인 노력을 그만두고 대신 그리스도 안에서의 우리의 올바른 자리에 감사하면, 좋은 습관과 행동 패턴의 발전이 생겨난다.

---

heart-with-thankfulness.

[12] Marcus Tullius Cicero, *Pro Plancio*, University of Chicago Perseus Project, Perseus Digital Library, section 80, October 24, 2019, http://perseus.uchicago.edu/perseus-cgi/citequery3.pl?dbname=LatinAugust2012&getid=1&query=Cic.%20Planc.%2080#80.

예를 들어, 감사는 우리를 시기로부터 자유롭게 한다. 시기하는 동시에 감사하는 것은 불가능하기 때문이다. 감사는 질투나 자기 연민, 악의와 같은 다른 유혹에 대해서도 같은 효과를 낸다.

감사에는 결혼이나 식사 같은 일들을 성스럽게 하는 효과가 있다. 바울이 혼인을 금하고 어떤 음식물은 먹지 말라고 하는 자들을 저주하면서, 디모데에게 음식물은 하나님이 지으신 바니 믿는 자들과 진리를 아는 자들이 감사함으로 받을 것이며, 하나님께서 지으신 모든 것이 선하매 감사함으로 받으면 버릴 것이 없다고 말한 것도 그 때문이다(딤전 4:3-5). 결혼과 식사의 성스러움은 감사하는 마음을 통해 알 수 있으며, 감사하는 마음이 없으면 성스러움을 놓치게 된다.

감사는 성령께서 우리 마음속의 보다 넓은 영역에서 활동하시게 한다. 앤드루 머리(Andew Murray)는 이렇게 말했다. "하나님께 진심으로 감사하자. 감사는 우리가 하나님께 더 가까이 나아가며 그분과의 교제를 지속하게 해줄 것이다. 감사는 우리가 자신을 주장하지 않고 성령께서 우리 마음을 주장하시도록 해줄 것이다."[13]

---

[13] Andew Murray, *Living a Prayerful Life* (Minneapolis: Bethany House, 1983), 63-64.

감사는 우리의 속사람을 지키는 보초의 역할을 한다. 우리는 골로새서 4장 2절의 말씀에 순종하면서 깨어 있음으로 우리의 영혼을 지킨다. "기도를 계속하고 기도에 감사함으로 깨어 있으라." 감사함은 우리의 마음을 지키며, 다른 어떤 방식으로도 공급할 수 없는 차원의 양분을 공급한다. 이런 이유로 감사는 선택 사항이 아닌 것이다.

감사와 행복

감사가 행복을 만들어 내는 것일까, 아니면 행복이 감사를 만들어 내는 것일까? 행복은 감사에서 비롯되는 것일까? 이것은 닭이 먼저냐 달걀이 먼저냐의 문제와도 같은 것이다. 그러나 감사와 행복은 어쩌면 같은 요리 속에 들어 있는 서로 다른 두 가지 재료일 수도 있다. 각자의 풍미를 지닌 채 서로에게 스며들 수 있는 재료인 것이다.

감사와 행복은 같은 축에 달린 두 개의 바퀴처럼 늘 함께 간다. 그리고 이 두 가지가 함께할 때 당신은 자유롭게 어디든 갈 수 있다.

2003년에 미국심리학회는 자신이 받은 복에 집중하면 정서적으로나 대인 관계 면에서 도움이 될 수 있다는 연구 결과를 발표했다.[14] 연구자들은 실험 대상을 세 그룹으로 나누어 일기를 쓰게 했다. 첫 번째 그룹에게는 그날 일어났던 모든 사건을 쓰게 했고, 두 번째 그룹에게는 부정적인 경험을 기록하게 했고, 세 번째 그룹에게는 감사한 일들을 작성하게 했다. 그 결과 감사한 일들을 적은 그룹은 자신의 삶에 대해 전반적으로 더 만족감을 느끼게 되었고, 다가올 날들에 대한 보다 낙관적인 기대를 갖게 되었다. 의식적으로 감사를 표현하는 것은 행복감의 증가와 긍정적인 상관관계를 보였다.

감사가 완벽한 건강이나 문제없는 삶을 보장해 준다는 말을 하려는 것이 아니다. 하나님이 배제된 긍정성은 근시안적인 것이다. 이 같은 긍정성은 비참하고 고통스러운 상황에 부딪힐 때 결국 무너지게 되어 있다. 그럼에도 인용된 연구는 감사하는 것이 전반적으로 좋은 기분을 갖게 해준다는 주장을 뒷받침한다.

스위스 출신의 영국 철학자 알랭 드 보통(Alain De Botton)은 "가진 것에 만족할 때마다 실제로 가진 것이 아무리 적더라도 우리는 부유하다고 할 수 있다."[15]라고 말했다. 크리스천 심

---

[14] Robert A. Emmons and Michael E. McCullough, "Counting Blessings versus Burdens: An Experimental Investigation of Gratitude and Subjective Well-Being in Daily Life," *Journal of Personality and Social Psychology* 84, no. 2 (2003): 377-389.

[15] Alain De Botton, *Status Anxiety* (New York: Vintage, 2004), 43.

리학자 게리 콜린스(Gary Collins)는 "정신 건강의 핵심 요소는 감사"[16]라고 말하기까지 했다. 감사가 늘면 스트레스는 줄어들고, 마음은 평안해진다. 혹시 누가 또 아는가? 당신이 한 번만 더 감사한 생각을 하면 하나님의 선하심과 관련하여 전에 경험해 본 적이 없는 만족감을 경험하게 될지 말이다.

성경 기자들은 심리 연구를 따로 하지 않아도 마음이 즐거운 자는 항상 잔치한다는 것을 알고 있었다(잠 15:15).

감사는 완고한 마음 대신 회개를 낳는다

감사가 가져다주는 또 다른 유익은 우리를 회개로 이끈다는 것이다. 우리는 이것을 로마서 1-2장에서 전개되는 바울의 생각을 통해 알 수 있다.

여기서 감사함은 하나님을 아는 것과 같으며, 또한 하나님의 인자하심을 당연시하지 않는 것과 같다. 바울은 "혹 네가 하나님의 인자하심이 너를 인도하여 회개하게 하심을 알지 못하여 그의 인자하심과 용납하심과 길이 참으심이 풍성함을 멸시하느냐"(롬 2:4)라고 묻는다.

---

[16] Gary Collins, "Gratitude Is Good for You," *Christian Herald*, February 1984, 51.

하나님의 인자하심에 감사하는 사람이라면 당연히 회개할 준비도 더 잘 되어 있을 것이다. 바울의 논리는 다음과 같다.

- 우리 같은 죄인들은 회개해야 한다.
- 하나님의 인자하심은 우리를 우리 같은 죄인들에게 필요한 회개로 인도한다.
- 감사하는 마음은 하나님의 인자하심을 알고 이에 감사한다.
- 반면에 하나님의 인자하심을 당연시하는 것은 우리에게 필요한 회개를 방해한다. 회개하지 않아도 하나님이 계속 인자하게 대하실 것이라고 믿는 것은 큰 오산이다.
- 회개하지 않는 사람들은 점점 더 완고해진다.

바울의 가르침을 달리 표현하면 이렇게 말할 수 있을 것이다. "하나님의 인자하심과 용납하심과 길이 참으심의 풍성함에 감사하는 마음은 마음을 완고하게 하는 대신 회개의 길을 열어 준다." 감사는 하나님을 영화롭게 하고, 하나님과의 친밀한 교제를 가능하게 해준다. 반면에 하나님의 축복을 당연시하면 마음이 완고해질 수 있는 위험이 있다.

교훈은 분명하다. 그것은 바로 기회가 있을 때 감사해야 한다는 것이다! 하나님의 인자하심을 향해 마음을 돌이키라. 그렇지 않으면 하나님에 대한 완고한 마음을 갖게 될 것이다.

다른 사람들에게 감사하기

감사하기의 또 다른 보상은, 감사가 담긴 당신의 선한 말이 다른 사람들을 회복시키는 치유 효과가 있음을 아는 것이다. "선한 말은 꿀송이 같아서 마음에 달고 뼈에 양약이 되느니라"(잠 16:24). 이것은 그 은혜로운 말을 하는 사람과 듣는 사람 모두에게 해당된다. 감사는 감사하는 사람뿐만 아니라 주변 사람들에게도 활력을 주고, 주위를 환하게 해준다.

문구점에서 흔히 볼 수 있는 감사 카드들에는 대개 다음과 같은 문구가 적혀 있다. "덕분에 제 하루가 밝아졌습니다.", "사려 깊은 선물에 감사드립니다.", "덕분에 많은 것이 달라졌습니다.", "베풀어 주신 친절에 마음 깊이 감사드립니다." 이런 말들은 모두 어떤 선물이나 서비스의 중요성을 보여 주고, 그것이 얼마나 의미 있는지를 나타내고 있다.

이런 카드들이 잘 팔리는 이유는 무엇일까? 감사 카드가 잘 팔리는 이유는 그 카드를 보내는 사람이 진심으로 감사를 표현할 때 즐겁기 때문이다. 사람들은 선물이나 서비스를 제공한 사람에게 고마운 마음을 표현하는 것을 즐긴다.

왜 감사를 표현하는 것일까? 그것은 주로 하나님을 영화롭게 하기 위해서지만, 부차적으로는(그러나 결코 중요하지 않은 것은 아니다) 많은 사람들이 활력을 충전하기 위해서, 희망과 인내를 갖고 살아가기 위해서 당신의 감사 표현을 필요로 하기 때문이다. 그들에게 감사를 표하지 않는 것은 바로 그날 그들이 필요로 할 수도 있는 활력을 빼앗는 것이나 다름없다.

기쁨과 감사

시편 97편에 나오는 구절에서와 같이 기쁨과 감사의 연관성은 성경 전반에 걸쳐 나타난다. "의인이여 너희는 여호와로 말미암아 기뻐하며 그의 거룩한 이름에 감사할지어다"(시 97:12). 바울이 감격에 겨워 데살로니가 교인들에게 한 말을 생각해 보라. "우리가 우리 하나님 앞에서 너희로 말미암아 모든 기쁨으로 기뻐하니 너희를 위하여 능히 어떠한 감사로 하나님께 보답할까"(살전 3:9).

기쁨은 감사로 이어진다. 그 과정을 간단히 표현하면 다음과 같다.

즐거움과 기쁨 → 감사

즐거움과 기쁨은 하나님이 우리에게 뜻하신 것이다. 모세가 "아침에 주의 인자하심이 우리를 만족하게 하사 우리를 일생 동안 즐겁고 기쁘게 하소서"(시 90:14)라고 기도할 때 그는 하나님의 뜻 가운데 있었다. 이것을 도식화하면 다음과 같다.

하나님의 인자하신 사랑 → 우리의 만족 → 즐거움과 기쁨

사랑이신 하나님은 기이한 일과 충분한 계시를 통해 우리에게 사랑을 부어 주신다. 우리는 하나님이 주신 관찰력으로 그분의 사랑을 사랑으로 인식하고, 그 사랑에 만족해한다. 그리고 이런 만족은 날마다 희망과 의미로 가득한 삶 가운데 넘쳐흐르며 즐거움을 이룬다. 그리하여 우리는 바울과 함께 "능히 어떠한 감사로 하나님께 보답할까." 하고 말하며, 이를 위해 최선을 다하게 된다.

이 같은 만족과 기쁨은 우리에게 더 이상의 갈망이 없다는 것을 의미하는가? 그렇지 않다. 하지만 올바른 것들에 대한 우리의 갈망, 즉 하나님의 뜻과 하나님의 영광, 하나님 자신에 대한 갈망은 점점 더 영원히 충족될 것이다.

모세는 이 모든 것에 대해 무지하지 않았다. 그는 매일이 즐거운 삶이라고 해서 그 삶에 고통이 없으리라고는 생각하지 않았다. 모세가 다음과 같이 하나님께 드린 기도를 보면 알 수 있다. "우리를 괴롭게 하신 날수대로와 우리가 화를 당한 연수대로 우리를 기쁘게 하소서"(시 90:15).

모세가 하고자 한 말은 분명했다. 그것은 바로 우리에게 고통을 주신 분은 하나님이지만, 하나님은 거기서 끝내지 않으신다는 것이다.

하나님은 우리를 고통 가운데 버려두지 않으시며, 고통을 헛되이 하지도 않으신다. 고통은 열매를 맺고 기쁨을 주려는 목적에서 고안되었다. 이 문제에 대해서는 나중에 좀 더 자세히 살펴보겠다.

우리는 물을 많이 마시는 것이 건강에 좋고, 물을 충분히 마시지 않으면 문제가 생긴다는 것을 알고 있다. 마찬가지로 감사하지 않으면 치명적인 위험이 발생하게 된다.

5

감사하지 않는 삶의 위험성

**감사하지 않는 것은
부패와 파괴적 행동을 불러온다**

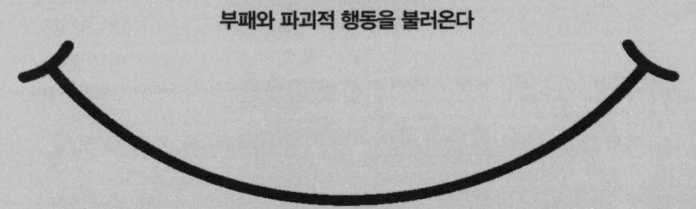

감사하지 않는 데서 오는 비극적인 결과를 가볍게 여기는 것은 거의 불가능하다. 영광과 굴욕을 가르는 기준은 감사함이 있느냐 없느냐 하는 것이다.

우상 숭배는 "창세로부터 그의 보이지 아니하는 것들 곧 그의 영원하신 능력과 신성이 그가 만드신 만물에 분명히 보여 알려졌나니"(롬 1:20)라는 말씀 속의 우리를 창조하신 분에 대한 감사의 결여에서 비롯된다.

만물을 주신 분께 진심으로 감사하는 데서 비롯되는 영광과 평안, 기쁨, 건강과는 대조적으로 그분께 감사하지 않는 것은 낙원을 무너뜨리고, 인류의 평화를 파멸시키고, 온 세상에 적의와 부패, 출산의 고통, 가시덤불과 죽음을 가져왔다(창 3:15-19). 무엇보다도 감시할 줄 모르는 것은 로마서 1장 21-32절에 분명히 언급되어 있듯이 동성애와 탐욕, 시기, 살인 그리고 그 밖의 온갖 어리석은 행위의 근원이다.

더욱이 감사하지 않는 것은 다른 사람들과의 관계를 망친다. 인간은 어느 누구도 외딴섬이 아니다. 우리는 진공 상태에서 살고 있지 않으며, 우리의 삶은 다른 사람들과 모두 연결되어 있다. 우리의 행동 패턴은 서로에게 영향을 미친다. 감사는 관계를 구하지만, 감사하지 않음은 관계를 망친다. 감사함을 잊을 때 관계 자체가 잊힐 수 있다. 관계는 아주 평범하고 일상적인 호의조차 감사히 여기는 곳에서 번성한다.

어린아이도 감사하다는 말을 할 수 있기에 우리는 감사가 성숙함의 지표는 아니라고 생각하기 쉽다. 그러나 감사는 성숙함의 지표다. 감사하지 않는 것은 성장을 방해하고, 믿음의 발전을 가로막는다.

성격의 자질들은 항상 함께 움직이는 경향이 있다. 그래서 다른 자질들이 다 엉망인 채로 어떤 한 자질만 계발하려고 노력하는 것은 헛된 일이다. 나쁜 자질들은 모든 것을 끌어내릴 것이다. 감사함이 없는 사람은 그 밖에도 여러 자질이 부족하기에, 하나님의 뜻과 목적을 섬기는 데 적합하지 않게 된다. 감사함이 없는 교회도 마찬가지다.

감사하지 않을 때 오는 파괴적인 결과

감사의 결과는 확실히 아름답고 풍성하지만, 불평불만으로 가득한 우리의 마음은 저절로 감사하는 쪽으로 끌리지는 않는다. 하나님이 우리의 무감각하고 냉담한 마음을 흔들어 깨우시는 한 가지 방법은, 감사하지 않을 때 오는 추하고 파괴적인 결과에 대해 경고하시는 것이다.

앞에서도 말했듯이 감사와 관련된 역학 관계는 선택 사항이 아니다. 그 누구도 중립을 유지할 수는 없다. 감사함으로 그에 따르는 유익한 부산물을 거둬들이거나, 아니면 감사하지 않음으로 그에 따르는 고통스러운 결과에 맞닥뜨리게 될 뿐이다. 당신은 의도적으로 감사하지 않기로 마음먹을 수도 있고, 본의 아니게 무관심한 태도를 보일 수도 있다. 그러나 거기에 뒤따를 결과를 선택할 수는 없다. 감사하지 않는 것은 당신이 원하지 않는 곳으로 데려다 줄 것이고, 예상보다 더 오래 그곳에 머물게 할 것이며, 생각보다 더 비싼 대가를 치르게 할 것이다.

감사하지 않는 것은 괴로움에서부터 자살에 이르기까지 수많은 병폐를 낳는다. 동성애와 시기, 살인, 그리고 그 밖의 많은 파괴적인 행동 뒤에는 감사하지 않음이 잠복해 있다.

감사하지 않는 것의 결과를 이해하는 데 있어서 핵심이 되는 성경 구절은 로마서 1장 21-22절이다. "하나님을 알되 하나님을 영화롭게도 아니하며 감사하지도 아니하고 오히려 그 생각이 허망하여지며 미련한 마음이 어두워졌나니 스스로 지혜 있다 하나 어리석게 되어."

허망한 생각과 미련한 마음은 감사하지 않는 데서 비롯되고, 하나님을 영화롭게 하지 않는 데서 비롯된다. 감사하지 않는 것은 다른 많은 죄의 근원이다. "모든 불의"(롬 1:29)의 밑바닥에는 감사하지 않는 것이 있기에, 하나님이 주신 좋은 선물들에 대해 감사하는 것은 많은 죄의 유혹과 습관을 극복하는 데 필요한 올바른 반응이다. "누추함과 어리석은 말이나 희롱의 말이 마땅치 아니하니 오히려 감사하는 말을 하라"(엡 5:4).

우리가 감사할 때 어리석은 말은 자취를 감출 것이다. 감사는 권태나 아부, 동료 의존, 칭찬 중독 같은 것들에 대해서도 같은 효과를 낸다.

잘못된 기대

고통 중에 있을 때 감사하기 힘든 이유 중 하나는, 우리가 하나님과는 다른 기대를 가지고 있기 때문이다. 우리는 우리의 기대가 완벽하게 이해할 만하다고 생각한다. 그렇기 때문에 그런 기대를 가지고 있는 것이다. 우리는 우리의 기대가 완벽하다고 생각한다. 우리는 절대로 드러내 놓고 우리가 항상 옳다고 주장하지는 않겠지만, 어느 순간 우리가 옳다고 생각한다.

사실 우리는 매 순간 우리가 옳다고 생각한다. 우리가 틀렸다는 것을 알게 되면 마음을 바꾸지만, 그러고도 다시 한 번 우리가 옳다고 생각한다. 우리 모두는 늘 그렇게 생각하는 경향이 있다.

우리는 우리의 기대가 정당하다고 생각한다. 그러나 우리 생각에 하나님이 하셨어야 한다고 생각하는 일이 생각대로 되지 않을 때, 우리는 평정심을 잃고 감정적으로 반응하곤 한다. 기분이 상하거나, 화를 내거나, 복수심에 불타거나, 자살 충동을 느끼는 등 하나님을 거부하는 상태를 드러내는 것이다. 이때 우리 앞에 놓인 과제는 우리의 기대를 하나님과, 그분의 무한한 지혜로부터 흘러나오는 실제적인 지침에 내어 드리는 것이다.

소설가 앤 패칫(Ann Patchett)이 말했듯이 "당신이 찾고 있는 것에 지나치게 몰두해서 당신이 발견한 것을 놓치지 말라."[17] 우리가 발견한 것은 무한히 지혜로우신 하나님의 완벽한 뜻이 하나님을 사랑하는 자의 선을 위해 끊임없이 이루어져 나가고 있다는 것이다.

---

[17] Ann Patchett, *State of Wonder* (San Francisco: HarperCollins, 2011), 246.

우리 중 자신이 계획한 대로 사는 사람은 아무도 없다. 우리는 하나님이 우리를 위해 계획하신 대로 살아간다. 우리 집 주방 싱크대 위에는 아내가 쪽지에 써 붙여 놓은 다음과 같은 글귀가 있다. "우리는 계획을 세우고, 하나님은 그것을 보고 웃으신다."

하나님은 무한히 지혜로우시지만 우리는 그렇지 않다. 우리는 하나님이 우리의 제한적인 계획을 한쪽으로 치우시고 시련을 통해서라도 우리에게 좋은 것을 주시려고 가차 없이 일하실 때, 감사하는 법을 배우는 것이 현명하다.

우리는 다른 무언가를 찾고 있기 때문에 하나님이 하시는 일을 한껏 즐길 기회를 쉽게 놓치곤 한다. 우리는 다음과 같은 다윗의 말에 공감할 수 있다. "내가 근심으로 편하지 못하여 탄식하오니"(시 55:2).

불평하는 마음은 하나님이 나에게 정당한 대우를 해주지 않는다고 말한다. 불평하는 마음은 무한히 지혜로우신 하나님보다 더 큰 지혜와 선을 요구한다. 감사하지 않음은 불평과 함께 옹기종기 모여들고, 이 둘은 만족과 평안과 휴식을 훼방하기 위해 음모를 꾸민다.

우리 주변에서 실제로 일어나는 일들에 대해 감사하는 것은 끊임없이 '필요'를 생각해 내는 습관으로부터 우리를 자유롭게 한다. 우리는 각자 자신이 원하는 삶을 그리며 이런저런 것들이 필요하다고 생각하지만, 이것은 하나님이 시련을 통해 우리에게 주시고자 하는 좋은 것들에는 미치지 못한다.

축복이 어떤 형태로 다가오든 그것을 축복으로 아는 것이 중요하다.

고전 영화 '멋진 인생'(It's a Wonderful Life)의 주인공 조지 베일리는 자신이 살고 있는 작은 마을과 자신의 경력을 하찮게 여긴다. 그가 자살하려고 할 때 천사인 클래런스가 나타나 조지가 태어나지 않았더라면 어떤 일이 벌어졌을지를 보여 준다.

자신이 받은 축복에 눈뜬 조지는 눈이 내리는 거리에서 환희에 휩싸인 채 그가 나무에 박은 자동차와 낡은 건물, 대부업체 사무실이 있는 건물을 반갑게 맞이했고, 악덕 사업가 포터에게 열정적으로 크리스마스 인사를 건넸다. 문틈으로 바람이 새어 들어오는 자신의 허름한 집에 문득 애정을 느꼈으며, 자신이 공금 횡령의 누명을 쓰고 감옥에 들어갈지도 모른다는 사실에 웃음을 터뜨렸다.

그가 변화된 비결이 궁금한가? 조지는 겸손하게 하나님께 기도했다. 그리고 그가 평생에 걸쳐 경험한 수많은 축복 중 자신이 받아 마땅한 것은 아무것도 없다는 사실을 깨달았고, 그 깨달음은 그에게 순전한 기쁨을 가져다주었다. 그가 그 축복들을 받을 자격이 있다는 생각을 버리자 기쁨이 물밀듯이 밀려 온 것이다.

자신에게 주어진 축복을 당연히 여기는 습관을 버릴 때 기쁨으로 향한 문이 활짝 열리게 된다.

잘못된 권리 의식

감사하지 않는 것은 우리의 권리 의식에 대한 잘못된 가정에 뿌리를 두고 있다.

항상 권리를 의식하는 마음은 요구하는 마음을 낳는다. 권리 의식은 슬그머니 퍼져 나가서 우리의 마음과 생각 속으로 스며든다.

그러나 하나님의 통치하에 있는 우리에게는 아무런 권리가 없다. 우리에게는 특권만이 있을 뿐이다. 하나님은 우리에게 빚진 것이 없으시다. 하나님의 자녀가 되는 우리의 '권리'조차도 사실은 선물이다(요 1:12).

권리 의식과 요구하는 마음은 사촌지간이라고 할 수 있다. 내가 어렸을 때 아버지의 고용주였던 에드셀 씨는 직원들에게 크리스마스 이브에 반나절 일찍 퇴근할 수 있게 해주겠다고 했다. 직원들이 하나둘 외투를 걸치고 사무실을 빠져나가는 동안 에드셀 씨는 그들을 위해 문을 열어 주었다. 제일 마지막으로 사무실을 나갔던 아버지는 에드셀 씨에게 감사를 표한 유일한 사람이었다. 아버지의 감사 인사에 에드셀 씨는 이렇게 대답했다. "이것이 사람들이 느끼는 감사의 전부라면, 아마도 크리스마스에 반나절의 휴가를 주는 건 이번이 마지막이 될 것 같군요."

로저 모티머(Roger Mortimer)는 기숙 학교에 다니는 아들에게 다음과 같은 편지를 써 보냈다.

"사랑하는 찰스에게.

방금 조앤 이모에게서 이모가 보낸 크리스마스 선물을 네가 잘 받았는지 궁금해하는 편지를 받았다. 인생의 다른 문제들과 마찬가지로 너는 철없는 아이처럼 편지 쓰는 것에 게을러서, 예의 없고 감사할 줄 모르는 사람이라는 인상을 주고 있어. 사람들이 너에게 선물을 줄 때 그들은 최소한 네가 평소의 무기력에서 벗어나 감사 편지를 쓰길 기대한단다. 나는 너를 매우 사랑하지만, 너 때문에 짜증이 나는 건 어쩔 수가 없구나."[18]

오늘날 '자격 있다.'(deserve)라는 말은 많이 사용되고 있는 것을 넘어 남용되고 있다. 이 말은 우리 사회에 전염병처럼 퍼

---

[18] Roger Mortimer and Charles Mortimer, *Dear Lupin: Letters to a Wayward Son* (New York: Thomas Dunne Books, 2011), 10.

지면서 이기심과 어리석음으로 가득한 세상을 만들어 내고 있다.

우리는 우리가 얻은 것, 즉 죄의 삯인 '사망'을 받을 자격이 있다. 다른 모든 것은 은혜로 주어지는 것이며, 은혜에 걸맞은 반응은 '감사'다. 하나님에게서 비롯된 좋은 것들을 받을 자격이 있다고 생각하는 마음은 그렇게 생각함으로써 자신의 타락한 모습을 드러내는 것이다. 그런 식의 사고방식은 사람을 감사와는 반대 방향으로 이끈다.

누가복음 17장 12-19절에는 예수님께 고침을 받은 열 명의 나병 환자 중 오직 한 사람만이 다시 돌아와 감사 인사를 한 이야기가 나온다. 나머지 아홉 명은 어디에 있었던 것일까? 그들은 자신들이 고침 받을 권리가 있다고 생각했던 것일까? 은혜 받은 것을 너무 빨리 잊어버렸던 것일까?

감사함을 잊은 죄

감사함을 느끼지 않기 위해 해야 할 일은 아무것도 없다. 감사하지 않음은 우리도 모르는 사이에 마음속으로 슬며시 파고든다. 심지어 우리는 실제로 감사하지 않으면서 이론에만 밝을 수 있다.

어쩌면 우리는 우리가 받은 것이 좋지 않거나, 충분하지 않거나, 감사할 만하지 않다고 믿기에 감사하지 않는 것일 수도 있다. 아니면 우리가 받은 것이 하나님에게서 나온 것이 아니라고 생각할 수도 있다. 또는 우리가 받은 축복을 세어 본 적이 없거나 당연하게 여기고 있을 수도 있다. 그리고 자신도 모르는 사이에 바울이 묘사한 것처럼 마음이 어두워졌을 수도 있다. "하나님을 알되 하나님을 영화롭게도 아니하며 감사하지도 아니하고 오히려 그 생각이 허망하여지며 미련한 마음이 어두워졌나니"(롬 1:21).

감사함은 헤아려 보는 것과 관련이 있다. 러시아 소설가 도스토옙스키(Fyodor M. Dostoevsky)는 "인간은 시련만을 헤아려 볼 뿐, 기쁨은 헤아려 보지 않는다."[19] 라고 썼다.

감사하지 않음이 모두 적대감이나 불평만은 아니다. 그저 단순한 부주의일 수도 있다. 다른 관심사에 몰두해 있느냐, 적극적으로 감사한 마음을 갖느냐의 차이인 것이다. 자신에게 자격이 있다는 식의 마음가짐은 플래카드를 들고 길거리로 나서는 것에서 보듯 의식적인 것일 수도 있고, 자신도 모르는 사이에 평온한 낮잠을 즐길 자격이 있다고 생각하는 것에서 보듯 무의식적인 것일 수도 있다.

---

[19] Fyodor Dostoevsky, *Notes from Underground*, Project Gutenberg, part 2, chapter 6, posted September 13, 2008, http://www.gutenberg.org/ebooks/600/.

낸시 드모스 월게머스(Nancy DeMoss Wolgemuth)는 이렇게 썼다.

"만약 우리가 이 모든 것을 당연하게 여긴다면, 만약 삶이 원래 모든 것이 갖춰진 상태에서 나타나는 것이라고 생각한다면, 만약 일상생활에서 사용하는 것들이 하나님의 은혜로 주어진 것이 아니라 가게에서 구입할 수 있는 것이라고 믿는다면, 우리는 자기도 모르는 사이에 하나님을 예배할 (그리고 감사할) 무수한 이유를 그냥 지나치는 것이나 다름없다."[20]

자력으로 존재하는 것에 대한 오해가 감사하지 않음과 권리의식, 교만, 그리고 주제넘은 행동을 낳는다. 자력으로 존재한다는 것은 거짓말이다. 우리 중 누구도 자력으로 존재하지 않는다.

자력으로 존재한다고 생각할 때 우리는 다음과 같은 성경의 꾸지람을 들어 마땅하다. "어리석고 지혜 없는 백성아 여호와께 이같이 보답하느냐 그는 네 아버지시요 너를 지으신 이가 아니시냐 그가 너를 만드시고 너를 세우셨도다"(신 32:6).

---

[20] Nancy Leigh DeMoss, *Choosing Gratitude: Your Journey to Joy* (Chicago: Moody, 2009), 113.

위험

로마서 1상 21절에서 바울은 인류에 대해 "하나님을 알되 하나님을 영화롭게도 아니하며 감사하지도 아니하고"라고 말한다.

사람들은 모든 좋은 것을 주신 하나님께 감사하지 않는다. 그리고 그 결과 어떻게 되었는가? "그 생각이 허망하여지며 미련한 마음이 어두워졌나니 스스로 지혜 있다 하나 어리석게 되어"(롬 1:21-22).

이 어두워진 미련한 마음은 어떻게 나타나는가? 우상 숭배와 마음의 정욕, 그리고 더러움으로 나타난다.

> "썩어지지 아니하는 하나님의 영광을 썩어질 사람과 새와 짐승과 기어 다니는 동물 모양의 우상으로 바꾸었느니라 그러므로 하나님께서 그들을 마음의 정욕대로 더러움에 내버려 두사 그들의 몸을 서로 욕되게 하게 하셨으니 이는 그들이 하나님의 진리를 거짓 것으로 바꾸어 피조물을 조물주보다 더 경배하고 섬김이라 주는 곧 영원히 찬송할 이시로다 아멘 이 때문에 하나님께서 그들을 부끄러운 욕심에 내버려 두셨으니 곧 그들의 여자들도 순리대로 쓸 것을 바꾸어 역리로 쓰며 그와 같이 남자들도 순리대로 여자 쓰기를 버리고 서로 향하여

음욕이 불일듯 하매 남자가 남자와 더불어 부끄러운 일을 행하여 그들의 그릇됨에 상당한 보응을 그들 자신이 받았느니라"(롬 1:23-27).

이 모든 것은 어디에서 오는가? 감사하지 않음에서 온다. 우리가 마음에 하나님을 두지 않을 때 우리의 마음은 부패하여 상실된다. "또한 그들이 마음에 하나님 두기를 싫어하매 하나님께서 그들을 그 상실한 마음대로 내버려 두사 합당하지 못한 일을 하게 하셨으니"(롬 1:28).

동성애는 하나님께 감사하지 않을 때 나타나는 유일한 결과가 아니다. 바울은 동성애 외에도 다른 많은 것들을 열거한다.

"곧 모든 불의, 추악, 탐욕, 악의가 가득한 자요 시기, 살인, 분쟁, 사기, 악독이 가득한 자요 수군수군하는 자요 비방하는 자요 하나님께서 미워하시는 자요 능욕하는 자요 교만한 자요 자랑하는 자요 악을 도모하는 자요 부모를 거역하는 자요 우매한 자요 배약하는 자요 무정한 자요 무자비한 자라 그들이 이 같은 일을 행하는 자는 사형에 해당한다고 하나님께서 정하심을 알고도 자기들만 행할 뿐 아니라 또한 그런 일을 행하는 자들을 옳다 하느니라"(롬 1:29-32).

동성애가 하나님에 대한 감사하지 않음에서 비롯되는 유일한 결과가 아니라면, 나는 왜 여기서 동성애를 콕 집어 말하고 있을까? 왜 가십이나 바울이 열거한 다른 잘못들을 강조하지 않는 것일까?

내가 특히 동성애에 초점을 맞추는 이유는 우리 사회에서 동성애의 뿌리에 관한 논의가 매우 활발하게 이루어지고 있기 때문이다.[21] 나는 동성애에 관한 사회 전반에 걸친 논의가 잠재적으로 도움이 될 수 있다는 사실을 부인하지는 않는다. 그러나 당신이 나와 함께 바울에게서 이 모든 것의 근저에 있는 것들에 대해 배웠으면 좋겠다.

독자들 중에는 동성애 이외의 것들, 가령 가십에 대해서도 같은 논의를 할 수 있는지 묻는 사람도 있을 것이다. 그렇다. 바울이 열거한 잘못들 중에는 가십도 있다. 하지만 가십에 대해서는 사회에서 엄청나게 많은 논의가 이루어지고 있지는 않다. 그래서 보다 광범위하게 논의되는 주제에 초점을 맞춘 것이다.

게다가 로마서 1장에 있는 목록에서 바울은 동성애에 대해 가장 많이 언급하고 있다. 나는 단지 '항상 모든 것에 대해' 하

---

[21] 나는 동성애적 욕구와 동성애적 행동을 구분하는 논의들에 대해 잘 알고 있다. 하지만 성경이 모든 동성애적 욕구는 잘못된 것이며, 이 세상의 죄로 인해 생겨난 것이라고 가르친다고 믿는다. 타락 이전에는 동성애적 욕구나 행동이 존재하지 않았다. 그리고 새 하늘과 새 땅에도 존재하지 않을 것이다. 바울은 감사하지 않음을 동성애적 욕구에 뿌리를 둔 동성애적 행동과 연관 짓고 있는데, 동성애적 욕구는 감사하지 않는 것에서 비롯된다.

나님께 감사하지 않는 것의 결과가 얼마나 어마어마한지를 보여 주기 위해 동성애 문제를 거론한 것뿐이다.

당신은 이렇게 말할 수도 있을 것이다. "당신은 나에게 수십 년에 걸쳐 형성된 인생관과 세계관에서 비롯된 내 생활 방식이 '감사하지 않음'이라는 단 하나의 뿌리에서 나온다는 말을 하고 싶은 건가요?"

이것에 대해서 나는 사도 바울에게서 배우라고 대답하겠다. 로마서 1장 21-32절을 다시 읽고, 그 안에 나타난 사고의 흐름을 주의 깊게 살펴보라. 24절의 '그러므로', 26절의 '이 때문에', 28절의 '-하매'와 같은 말들을 놓치지 말라.

나는 감사하지 않음이 동성에 대한 끌림과 상관이 있는 유일한 것이라고 말하는 것이 아니다. 하지만 감사함이 없을 때 당신은 성적인 혼란을 포함한 온갖 어리석고 헛된 것들에 빠지게 될 것이다.

인생은 복잡하고 많은 힘이 동시에 작용하고 있지만, 감사하지 않음은 그 자체로 우리를 어리석고 헛된 생각과 행동으로 몰아갈 수 있을 만큼 충분히 강력하다.

6

감사의 실천

**감사는 그 감사한 마음을 표현할 때에야
비로소 완성된다**

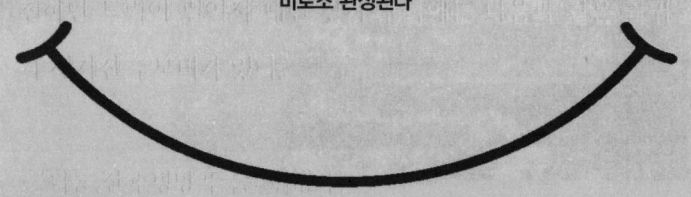

개념으로서의 감사와 실천으로서의 감사 사이에는 중요한 차이가 있다. 하나님의 공급하심에 대한 올바른 생각을 가지고 있는 사람들은 감사하며, 감사하다고 말한다. 감사하는 사람들은 또한 어떤 감정을 느끼는데, 그것은 그들이 무언가를 떠올리고, 무언가를 생각하며, 거기서 어떤 결론을 내리기 때문이다. 그들은 순간적으로 무슨 말을 해야 할지 몰라 멍해질 수는 있지만, 무언가를 의식하고 무언가를 알고 있다. 그리고 그들이 인식하는 진실, 하나님은 선하시고, 하나님의 선하심은 좋게 느껴진다는 진실 뒤에는 다양한 감정이 자리하고 있다. 이 감정들은 표현되고자 하며, 억제되기를 원하지 않는다.

감정도 중요하고, 행동도 중요하다

감정도 중요하지만 행동도 중요하다. 분명한 사실을 말하자면 감사하는 것은 주는 행위, 즉 '행동'이다. 감사를 실천하기 위해 당신은 무언가를 느끼기만 하지는 않는다. 당신은 무언가를 한다. 감사는 당신이 주는 것이다.

누가복음 17장 12-19절에 나오는 예수님께 고침 받은 열 명의 나병 환자는 무언가를 느꼈다. 안도와 놀라움, 새 힘을 얻은 듯한 기분 등을 느꼈다. 그러나 그들 중 아홉 명은 그것에 대해 아무것도 하지 않았다. 그들은 감사하지 않았다. 감사하지 않음으로써 그들은 자신에 대한 어떤 것을 드러냈다. 그리고 그들은 자신들에게서 기쁨을 앗아갔다. 열 명 중 한 사람만이 감사한 마음에 따라 행동했으며, 그리하여 그의 기쁨은 더욱 커졌다.

존 파이퍼(John Piper)는 "마음속에서 주체할 수 없이 솟아오르는 감정"[22]으로서의 감사에 대해 말한다. 감사는 그저 약물에 의해 도달할 수 있는 어떤 감정일 뿐일까? 어떤 사람이 혼수상

---

[22] John Piper, "Grace, Gratitude, and the Glory of God," desiringGod.org, November 26, 1981, https://www.desiringgod.org/messages/grace-gratitude-and-the-glory-of-god/.

태에 있거나 인체 냉동 보존법에 의해 냉동되어 있다면 그가 감사했는지 어떻게 알 수 있는가? 알 수 없다. 감사가 감사로 입증되기 위해서는 무언가 보이는 것, 이를테면 얼굴 표정이나 어떤 행동, 어떤 말을 보여 주어야 한다. 그러므로 감사함을 표현하는 것이 중요하다.

그렇다면 감사는 감정이 없는 행동일 뿐인가? 그렇지 않다. 감사가 행동일 뿐이라면 무대 위의 배우는 마음으로는 감사하지 않으면서도 감사함에 걸맞은 행동을 할 수 있을 것이다. 주의 깊게 프로그래밍된 로봇도 그런 행동을 할 수 있다. 행동이 전부가 아니다. 감사하는 태도는 마음먹기에 따라 가능한 것이 아니라, 기쁨의 반응이다.

표현의 중요성

축복을 받는 것은 수동적인 행위다. 당신은 아무것도 하지 않고 가만히 앉아서 축복을 받을 수 있다. 온 세상은 햇빛, 비, 공기 등 모두에게 골고루 주어지는 많은 것들로 축복받았다. 그러나 온 세상은 감사로 반응하지 않는다. 감사는 능동적이고, 반응하며, 행동을 낳는다. 사실 그렇게 하는 것을 막을 수 없다.

영화 '빨간 머리 앤'(Anne of Green Gables)에서 매튜 커스버트가 양녀인 앤이 갖고 싶어하던 봉긋한 퍼프소매의 드레스를 선물하는 장면이 나온다. 앤은 기뻐하며 매튜의 여동생 마릴라 앞에서 그 옷을 입어 보인다. 마릴라는 드레스가 더러워지기 전에 옷을 갈아입고 오라고 말하지만, 앤은 방으로 가기에 앞서 들뜬 목소리로 "매튜 아저씨에게 감사하다고 말해야겠어요!" 하고 외친다. 그러고나서 앤은 매튜가 허드렛일을 하고 있는 헛간으로 달려간다.

앤은 그렇게 하지 않을 수 없었다. 감사하는 마음은 감사하다고 말하고 싶어 하기 때문에 꼭 말해야만 한다. 우리가 감사하다고 말하지 않는다면, 그것은 우리의 감사하지 않는 마음에 대해 무언가를 말해 주는 것이다. 앤이 새 드레스를 선물 받으면서 어깨를 으쓱해 보이거나 "이제 이런 드레스를 입을 때도 됐죠!"라고 말했다면, 우리는 뭔가 단단히 잘못되었다고 생각할 것이다.

감사의 말은 순간적으로 감정이 우러나와서 할 수도 있고, 미리 계획해서 할 수도 있다. 이 부분에 대해서는 나중에 더 자세히 다루어 보겠다.

감사는 무언가를 기뻐하는 것이고, 겉으로 표현된 감사는 그 기쁨을 배가시킨다. 감사한 마음을 가지고 있으면서도 표현하지 않는 것은 노래를 배우고도 부르지 않는 것과도 같다.

롤러코스터를 타고 높이 올라갔다가 걸어서 내려오는 것과도 같다. 숨을 깊이 들이쉬었지만 내쉬지 않는 것과도 같다. 아이스크림을 사서 먹지 않고 녹게 놔두는 것과도 같다. 결혼반지를 받았지만 끼지 않는 것과도 같다. 감사는 그 감사한 마음을 표현할 때에야 비로소 완성되는 것이다.

감사는 기쁨이 서명 날인을 하는 방법 중 하나다. 감사하는 마음은 기쁨에서 비롯되며, 더 많은 기쁨을 낳는다. 그것은 약물에 취해 기분이 좋아지는 것과 같은 막연하고도 모호한 즐거움이 아니다. 감사하는 것은 선물 받은 것에 대한 기쁨을 완성시킨다. 앤은 벅찬 감사의 마음을 표현함으로써 드레스를 갖게 된 기쁨이 더 커졌다. 감사를 표현하기 전까지는 기쁨은 최대치가 되지 않는다. 감사의 표현은 주어진 축복으로부터 받는 기쁨의 한 요소다.

다른 사람들을 섬기기

감사하는 것은 주변 사람들을 기분 좋게 만들기에, 당신의 감사는 그들을 향한 사랑의 행위라고 할 수 있다. 당신의 감사 표현을 하나님과 다른 사람들에 대한 사랑의 행위로 바라보라.

게다가 당신의 감사 표현은 다른 사람들에게, 당신이 표현하지 않았더라면 보지 못하고 넘어갔을 것을 보게 해줄 수도 있다. 그러면 당신의 감사에 그들의 감사가 더해진다. 사람들에게 감사하는 것은 그들의 서비스에 대한 일종의 보상이 될 수 있다. 그리고 보상은 그런 행동이 반복될 가능성을 높여 준다.

감사의 비용

감사를 표현하는 데는 거의 비용이 들지 않는다. 감사한 마음을 표현하는 것은 누구나 언제든지 할 수 있다. 하지만 여기에는 하나님의 은혜와 우리의 순종하려는 노력이 필요하다. 진정한 감사는 하나님의 역사하심과 깨어 있는 은혜, 기적적인 마음의 변화를 필요로 한다. 우리는 모두 강아지처럼 눈을 감은 채로 태어났지만, 하나님은 우리를 변화시키신다. 감사가 은혜를 필요로 한다면, 좋은 소식은 그 은혜를 당신 것으로 만드는 은혜도 있다는 것이다.

은혜를 당신 것으로 만들라. 당신이 해야 할 일을 할 수 있게끔 하나님이 주시는 은혜를 손에 넣으라. 당신 자신과 하나님께 "네, 감사하겠습니다."라고 말하라. 당신을 위한 하나님의 은혜가 부족한 상황은 없을 것이다. "하나님이 능히 모든 은혜를 너희에게 넘치게 하시나니 이는 너희로 모든 일에 항상 모든 것이 넉넉하여 모든 착한 일을 넘치게 하게 하려 하심이라"(고후 9:8).

하나님의 은혜는 바닥나지 않는다. 하나님의 자비는 아침마다 새롭고, 하나님의 은혜는 밤마다 풍성하여 매일 온종일 당신을 붙들어 준다. 은혜는 끝없이 주어지지만, 감사는 저절로 생겨나지 않는다.

자기중심적이고 이해타산적인 죄인들에게 감사는 자연스러운 일이 아니다. 감사는 변화를 넘어 계발을 필요로 한다. 우리 안에 계발되어야 할 것들 중 하나가 바로 성경적인 마음가짐이다.

감사하는 마음은 하나님의 의로운 판단을 배우는 데서 얻어지는 부산물이다. "내가 주의 의로운 판단을 배울 때에는 정직한 마음으로 주께 감사하리이다"(시 119:7).

감사를 표현하는 데는 거의 비용이 들지 않지만 감사를 표현하려고 준비하는 것에는 비용이 든다. 즉 마음을 변화시키고, 성경적인 마음가짐을 계발하고, 감사를 주제로 한 책을 읽고, 감사를 표현할 기회를 찾는 것에는 비용이 든다. 여기에는 의도와 욕구, 준비, 마음의 변화, 카드와 봉투, 우표, 시간 등이 필요하다. 예를 들어, 우리가 하나님이 행하신 위대한 일들을 알지 못하고 기억하지 못한다면 우리는 하나님께 감사하지 않을 것이다. 따라서 제대로 감사하기 위해서는 성경을 잘 알아야 한다. 성경은 역사를 통해 하나님이 하신 위대한 일들을 기록하고 있으며, 하나님이 우리의 삶 가운데 행하신 위대한 일들을 알아보는 방법을 알려 준다.

감사는 귀찮은 의무가 아니다

감사는 기쁨이나 (그 자체로 일종의 즐거움인) 예상되는 기쁨에 대한 반응이다. 감사는 만족에서 비롯된 피드백이다. 그것은 은혜로운 행동에 대한 반응이다. 영혼이 선을 만나게 되면, 환희에 차서 즐거운 노래를 부른다.

감사는 마음의 즐거움에 대한 표현이다. 즐거움은 부담스러운 것이 아니다. 감사하는 마음은 선물뿐만 아니라, 그 선물을 준 사람 또한 기뻐한다. 감사하는 사람은 호의를 베푼 사람에게 그런 호의를 베풀 의무가 없었음을 알고 있다. 그것은 모두 은혜로 주어진 것이다.

감사하는 마음은 스스로를 은혜받은 자로 여긴다. 감사하는 마음은 은혜의 바다에서 헤엄치고, 은혜의 공기를 호흡하고, 은혜의 땅에 서며, 선물과 그 선물을 준 사람에게 감사를 표현한다.

하나님은 우리의 헌물을 받으시지만, 하나님이 먼저 우리에게 주신 것을 우리가 다시 그분께 드리기를 바라시지는 않는다. 우리는 하나님께 드릴 것이 아무것도 없는 상태에서 세상이라는 무대에 등장했다. 바울은 디모데에게 이렇게 말했다. "우리가 세상에 아무것도 가지고 온 것이 없으매"(딤전 6:7), "자족하는 마음이 있으면 경건은 큰 이익이 되느니라"(딤전 6:6).

이것을 욥은 이렇게 표현했다. "내가 모태에서 알몸으로 나왔사온즉 또한 알몸이 그리로 돌아가올지라 주신 이도 여호와시요 거두신 이도 여호와시오니 여호와의 이름이 찬송을 받으실지니이다"(욥 1:21).

하나님은 우리의 내면을 살피셔서 우리의 헌물에 감사함이 담겨 있는지 보신다. 하나님은 감사하는 마음을 찾으시며, 그런 마음이 생겨나게 하신다. 그래서 우리는 감사를 하나님이 주신 것이라고 말할 수 있다. 1장에서 소개한 감사에 관한 정의를 기억하라. "감사는 하나님으로부터 주어진 은혜를 알아보는 영적 능력이자 그 은혜와 은혜 베푸신 분의 선하심을 인정하고자 하는 마음이다."

감사는 하나님이 멸시하지 않으시는 상하고 통회하는 마음에서 나온다(시 51:17). 그런 마음은 언제나 하나님에게서 비롯된 것이다. 따라서 감사해야 할 이유는 더 늘어난다.

7

감사와 만족

**감사는 마음의 소란스러움을 잠재우고
짜증을 풀어 준다**

다음은 로버트 루이스 스티븐슨(Robert Louis Stevenson)이 남긴 명언이다.

"세상은 온갖 것들로 가득 차 있기 때문에 우리는 모두 왕처럼 행복해야 할 것이다."[23]

그러나 우리는 왕처럼 행복하지 않다. 관찰력이 뛰어난 사람은 비판적인 사람이 될 수 있고, 비판적인 사람은 감사하지 않는 사람, 즉 불평불만이 많은 사람이 될 수 있다.

창조적인 사람은 관찰력이 좋아서(여기에는 전에는 보지 못했던 것을 볼 수 있게 된 거듭난 사람도 포함된다) 무언가를 잘 볼 수 있다. 그들에게는 사물이나 상황이 어떻게 하면 더 나아질 수 있는지가 보인다. 그런 가능성이 보이면 현 상황에 불만족하게 되고, 불평을 쏟아 내게 된다.

---

[23] Robert Louis Stevenson, *A Child's Garden of Verses* (1885; Portland, ME: Thomas B. Mosher, 1899), 28.

'시청에서는 민원을 더 신속하게 처리할 수도 있었을 텐데.', '그 친척 아주머니는 보다 점잖은 옷차림을 할 수도 있었을 텐데.', '목사님의 설교가 훨씬 더 좋았을 수도 있었을 텐데.'

이런 생각이 모두 옳을 수 있지만, 시청과 친척 아주머니와 목사님의 설교에 대해 감사하지 않게 되는 것에 대해 경계해야 한다. 가장 많이 개선된 상황을 그려 볼 수 있는 사람은 또한 가장 부정적이고 비판적인 사람이 될 수 있다.

당신이 그런 사람이 되지 않도록 조심하라. 당신의 뛰어난 관찰력에 대해 하나님께 감사하고, 그 관찰력을 도움이 되는 방향으로 사용할 수 있게 해달라고 기도하라.

만일 지금 감사하기를 거부한다면 상황이 바뀌어도 감사하지 않을 것이다. 이 타락한 세상에는 항상 개선해야 할 것들이 더 많을 것이고, 불평할 것들로 넘쳐나는 컨베이어 벨트는 끊임없이 돌아갈 것이기 때문이다.

감사 vs 불만

감사하는 마음은 컵이 절반밖에 안 찼다고 생각하는 대신 컵이 절반이나 차 있고, 컵이 있다는 사실 자체에 감사한다. 불평하는 마음은 컵이 절반밖에 안 찼을 뿐만 아니라, 애초에 컵 자체가 너무 작고, 컵에 담긴 내용물이 원하던 것이 아니라고 생각한다.

만족하는 마음은 자족할 줄 안다. 불평하는 마음은 때때로 지나치게 많은 것을 가지고 있어서, 그것들 없이 지내야 할 때 이전에 당연하게 여겼거나 불평했던 것에 대해 감사할 줄 알게 된다. 솔로몬은 결핍이 주는 유익에 주목했다. "고되게 일하는 자는 식욕으로 말미암아 애쓰나니 이는 그의 입이 자기를 독촉함이니라"(잠 16:26).

감사는 기독교의 유일한 미덕은 아니다. 그것은 그리스도인이 추구해야 할 최종 목표도 아니다. 비록 질병과 같은 시련을 포함한 모든 것에 감사해야 하지만, 우리는 이런 어려움을 창소식으로 극복하기 위해 부지런히 노력한다. 그리스도인은 우물을 파고, 병원을 짓고, 글을 가르친다. 감사를 낳는 만족은 자기만족이 아니다. 그리스도인은 시련에 대해 하나님께 감사하지만, 그렇다고 해서 우리가 해결책을 찾지 않거나, 해결책을 찾았을 때 하나님께 감사하지 않는다는 뜻은 아니다.

모든 불평은 결국 모든 것을 주관하시는 하나님을 향한 것이지만, 하나님은 모든 축복의 근원이시다. 감사와 만족은 서로 상승 작용을 일으킨다. 감사와 만족이 없다면 당신의 심난한 마음은 늘 불만스러울 것이고, 평안하지 않을 것이며, 성숙하지 못할 것이다.

바울이 감사하지 않음을 어떤 것들과 연관 짓고 있는지 살펴보자.

"너는 이것을 알라 말세에 고통하는 때가 이르러 사람들이 자기를 사랑하며 돈을 사랑하며 자랑하며 교만하며 비방하며 부모를 거역하며 감사하지 아니하며 거룩하지 아니하며 무정하며 원통함을 풀지 아니하며 모함하며 절제하지 못하며 사나우며 선한 것을 좋아하지 아니하며 배신하며 조급하며 자만하며 쾌락을 사랑하기를 하나님 사랑하는 것보다 더하며 경건의 모양은 있으나 경건의 능력은 부인하니 이같은 자들에게서 네가 돌아서라"(딤후 3:1-5).

이런 사람들처럼 되지 말라. 감사하지 않는 영혼은 둔감하고, 무기력하며, 어쩌면 죽은 것이나 다름없는 상태일지도 모른다.

고통 중에도 불평하지 않는 마음

푸념과 감사는 공존할 수 없다. 하나가 자리를 잡으면 다른 하나는 저절로 밀려나게 되어 있다.

하나님은 우리에게 "모든 일을 원망과 시비가 없이 하라"(빌 2:14)고 말씀하신다. 이전에 이 말씀을 알고 있었던 나는, 고통으로 점철된 타락한 세상에서 어떻게 불평하지 않고 살아갈 수 있을지 난감했다. 그래서 상담 목사님께 "어떻게 하면 제 고통과 다른 사람들의 고통을 받아들이면서도 불평하지 않고 살 수 있을까요?"라고 물어보았다.

그 즉시 목사님은 성경을 펴서 나에게 다음과 같은 구절을 보여 주었다. "피조물이 다 이제까지 함께 탄식하며 함께 고통을 겪고 있는 것을 우리가 아느니라"(롬 8:22).

만약 한창 출산 중인 여인에게 "좀 어떠세요?"라고 묻는다면 그녀는 눈을 찡긋하며 "괜찮아요. 전혀 힘들지 않아요."라고 대답하지 않을 것이다. 오히려 그녀는 고통으로 울부짖고, 땀범벅이 된 채 숨을 헐떡이며 신음할 것이다. 출산 후 갓난아기를 품에 안고 있는 그녀에게 고통 없는 하루와 아기를 맞바꿀 수 있는지 물으면, 그녀는 절대 그럴 수 없다고 대답할 것이다. 사실 적당한 때에 그녀는 또다시 아기를 낳기 위해 그 모든 고통을 감수하려 들 것이다.

로마서 8장 22절에서 말하고자 하는 것이 바로 이것이다. 우리 안에서 생성되고 있는 것은 고통을 감수할 만한 가치가 충분하기에 우리는 불평하지 않는다. 비록 탄식하며 신음할지라도 말이다.

조니 에릭슨 타다(Joni Eareckson Tada)에게는 불평할 만한 이유가 있다. 그녀는 17세 때 다이빙 사고로 사지가 마비되었다. 수십 년 간 휠체어 신세를 지고 있는 그녀는, 언젠가 천국에서 그 휠체어에 대해 예수님께 감사드리는 자신의 모습을 상상하며 다음과 같이 말했다.

"천국에 갈 때 휠체어를 가지고 갈 수 있었으면 좋겠어요. 성경적으로 바른 생각은 아니지만, 천국에서 하나님이 제게 영광스럽게 변화된, 완전히 새로운 몸을 주실 때 할 수만 있다면 휠체어를 제 바로 옆에 두고 싶어요. 그때 예수님을 향해 이렇게 말씀드릴 거예요. '주님, 이 휠체어가 보이시나요? 이 세상에서 우리가 고난을 겪을 거라는 주님 말씀이 옳았어요. 이 휠체어를 타고 다니는 건 정말 엄청난 시련이었으니까요. 하지만 예수님, 휠체어 안에서 약해지면 약해질수록 저는 주님을 더 많이 의지했답니다. 그리고 주님을 더 많이 의지할수록 더 강하신 주님을 발견했지요. 그래서 주님이 이 휠체어를 통해 제 삶 가운데 행하신 일에 감사드립니다.' 그런 다음 농담으로 이렇게 말할 거예요. '이제 주님이 원하신다면 이 휠체어를 지옥으로 보내셔도 돼요.'"[24]

조니는 시련을 받아들이면서도 불평하는 대신 감사한다.

우리가 가지고 있는 것들을 가지면 유익이 있다. 그리고 갖지 못했거나, 설사 가졌다고 해도 원하지 않았을 것들(유행성 이하선염, 모기에 물린 것, 솔로몬에게는 충분하지 않았던 699명의 아내와 299명의 첩 등)을 갖지 않는 데에도 유익이 있다.

마음은 그 다가오는 유익에서 만족을 발견하지 못할 때 불만을 품게 된다. 지혜로운 사람은 불평하려는 충동이 생길 때 이것을 알아차리고, 불평하는 대신 감사한다.

영국의 찬송가 작사가이자 신학자인 아이작 왓츠(Isaac Watts)는 우리의 불평하는 성향을 "마음의 소란스러움"과 "짜증스러운 열정"이라고 묘사했다.[25] 감사는 소란스러움을 잠재우고, 짜증을 풀어 준다.

의식적으로 그리고 의도적으로 불평을 미루라. 나는 가끔 조용히 혼잣말을 한다. "조용히 해, 샘. 그냥 입 좀 다물라고." 그런 다음 내가 입 밖에 낼 뻔했던 불쾌한 생각을 침묵으로 바

---

[24] Joni Eareckson Tada, "The Holiest of Wheelchairs," Joni & Friends website, http://t.joniandfriends.org/radio/4-minute/holiest-wheelchairs/.
[25] Isaac Watts, *The World to Come; or Discourses on the Joys or Sorrows of Departed Souls at Death* (London: Daniel Fenton, 1811), 339.

꾸거나, 참되고, 경건하고, 옳고, 정결하고, 사랑받을 만하고, 칭찬받을 만한 무언가로 대체한다(빌 4:8).

만족과 평안

만족은 성경이 명하는 것이다. "돈을 사랑하지 말고 있는 바를 족한 줄로 알라 그가 친히 말씀하시기를 내가 결코 너희를 버리지 아니하고 너희를 떠나지 아니하리라 하셨느니라"(히 13:5).

만족은 세상살이의 괴로움 너머를 바라보는 능력을 필요로 하며, 그 능력은 평강의 왕이신 하나님에게서 온다.

바울은 빌립보 교인들에게 다음과 같이 가르쳤다.

"너희 관용을 모든 사람에게 알게 하라 주께서 가까우시니라 아무것도 염려하지 말고 다만 모든 일에 기도와 간구로, 너희 구할 것을 감사함으로 하나님께 아뢰라 그리하면 모든 지각에 뛰어난 하나님의 평강이 그리스도 예수 안에서 너희 마음과 생각을 지키시리라 끝으로 형제들아 무엇에든지 참되며 무엇에든지 경건하며 무엇에든지 옳으며 무엇에든지 정결하며 무엇에든지 사랑받을 만하며 무엇에든지 칭찬받을 만하며 무슨 덕이 있든지 무슨 기림이 있든지 이것들을 생각하라 너희는 내게 배우고 받고 듣고 본 바를 행하라 그리하면 평강의 하나님이 너희와 함께 계시리라"(빌 4:5-9).

바울의 주장의 흐름을 살펴보자.

- 우리는 평강의 하나님이 우리와 함께 계시면서 우리의 마음을 지키시고, 우리에게 만족을 주시기를 원한다.
- 바울은 자신에게서 받은 것을 행하라고 말한다.
- 우리가 바울에게서 받은 것은 그가 참되고, 경건하고, 옳고, 정결하고, 사랑받을 만하고, 칭찬받을 만하다고 묘사한 것들과 같다고 할 수 있다. 바울은 신자들에게 "이것들을 생각하라."라고, 다시 말해서 이것들에 초점을 맞추고 주의를 집중해야 한다고 말한다. 이것들은 우리가 감사할 수 있고, 또 감사해야 하는 그런 종류의 것들임에 분명하다.
- 가장 고상하고 가장 탁월한 것들에 관한 이런 종류의 생각은 '그리스도 예수 안에서' 지켜진 마음과 생각에 의해 가능하다. 무엇에 의해 지켜진 마음과 생각인가? '하나님의 평강'에 의해 지켜진 마음과 생각이다.
- 하나님의 평강은 우리가 필요로 하는 것을 하나님께 아룀으로써 염려를 떨쳐 버릴 때 찾아온다. 그렇다면 우리가 필요

로 하는 것을 어떻게 아뢸 수 있을까? '감사함으로' 아뢰어야 한다. 감사는 평강을 앗아가는 염려에 대한 해독제다.
- 이렇게 감사함으로 드리는 기도는 주님이 가까이 계신다는 믿음을 통해서 가능하다. 우리는 주님이 우리 곁에 계신 것을 알고 있다. 이 같은 믿음과 앎은 주변 사람들에게 우리의 '관용'을 드러낼 수 있게 해준다.
- 이 믿음으로 인해 우리는 주변 사람들에게 우리의 '관용'을 알게 할 수 있다(다른 번역본에는 '자비', '친절' 등으로 번역되어 있다. 이 말의 헬라어 원어에는 '친절', '양보', '배려', '너그러움' 등 폭넓은 의미가 함축되어 있다).

평강은 우리가 감사함으로 기도하느냐 그렇지 않느냐에 달려 있다. 그리고 사람의 상황이 아닌 하나님을 중심에 두는 성향은 불행과 만족 사이의 결정적인 차이를 만들어 낸다.

감사는 우리의 평안과 안전을 증언한다. 또한 우리가 하나님이 행하신 모든 것에 감사하는 마음을 갖도록 하나님이 우리 안에서 일하고 계신다는 우리의 확신을 증언한다. 감사함은 우리가 안전하게 보호받고 있다는 증거인 것이다.

만족과 감사

만족은 내가 가진 것이 충분하다고 결론짓는다. 그리고 감사는 그것을 충분한 정도를 뛰어넘는 축하의 명분으로 만든다. '잡동사니 처리 전문가' 브룩스 파머(Brooks Palmer)는 이렇게 장난스럽게 말했다. "가게가 문을 닫았더군요. 그래서 저는 집으로 돌아와 제가 갖고 있는 것들을 꼬옥 끌어안았어요."[26]

만족은 하나님이 나에게 필요한 모든 것을 공급해 주셨음을 깨닫는 것을 의미한다. 무엇을 잃었든 간에 나에게는 항상 무언가가 남아 있으며, 나는 여전히 나에게 필요한 것들을 가지고 있다.

다음 장에서는 가장 큰 즐거움이라고 할 만한 것에 대해 살펴보기로 하자.

---

[26] Brooks Palmer, "The Store Was Closed, So I Went Home and Hugged What I Own," Clutter Busting website, August 15, 2009, https://clutterbusting.com/the-store-was-closed-so-i-went-home-and-hugged-what-i-own/.

8

감사와 경이

감사는 가치 있는 것들의 진가를
알아보고 경탄하게 한다

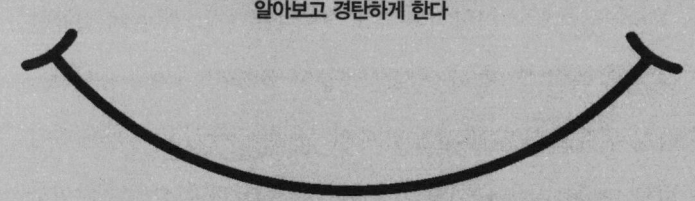

감사함을 표현할 기회를 꾸준히 찾다보면 경이로운 것들을 볼 수 있는 능력이 커진다. 하나님의 우주는 우리가 그것을 축복으로 바라보기만을 기다리고 있는 온갖 좋은 것들로 가득 차 있다.

깨어 있는 사람들은 바로 눈앞에 놓여 있는 경이로운 것들, 귀를 간질이고 미뢰를 자극하는 놀라운 것들을 계속해서 발견하게 된다. 어떤 축복들은 눈에 보이지 않아서 오직 영적으로 깨어 있는 사람에게만 보인다. 깨어 있는 사람들의 마음에는 항상 감사함이 있다.

깨어 있음은 주변의 수많은 좋은 것들을 인식하는 데 집중하는 법을 배워 감사함에 연료를 공급할 것이다. 그리고 감사함은 다시 우리를 더 많이 깨어 있게 할 것이다. 이 상호 작용은 놀랍고도 만족스러운 나선형의 상승 곡선을 그리며 선순환을 이룰 것이다. 그리하여 감사함은 감사하는 사람을 자유롭게 한다.

축복을 알아보는 것은 감사의 첫 단계다. 그리고 감사는 그의 사촌인 즐거움과 함께 여행할 때가 많다. "마음이 즐거운 자는 항상 잔치하느니라"(잠 15:15). 깨어 있는 것은 하나님의 공급하심과 그분이 주시는 축복을 구하여 살핌으로써 우리 주변에서 벌어지는 모든 잔치를 알아보는 것을 의미한다.

하나님은 만물 안에 아름다움을 심어 놓으셨지만, 모든 사람들이 다 그 아름다움을 볼 수 있는 것은 아니다. 소위 평범한 날들이 보물을 가득 싣고 선로를 돌아도, 우리는 다른 것에 몰두해 있는 까닭에 그 보물들을 놓치기 쉽다. 시인 데이비드 화이트(David Whyte)의 말처럼 "감사하지 않는 것은 단순히 주의를 기울이지 않는다는 것을 의미할 수 있다."[27] "기도를 계속하고 기도에 감사함으로 깨어 있으라"(골 4:2).

1장에서 소개한 감사의 정의를 기억하는가? 감사는 하나님으로부터 주어진 은혜를 알아보는 영적 능력이자 그 은혜와 은혜 베푸신 분의 선하심을 인정하고자 하는 마음이다.

---

[27] David Whyte, "Gratitude," *Consolations: The Solace, Nourishment, and Underlying Meaning of Everyday Words* (Langley, Washington: Many Rivers Press, 2015), https://gratefulness.org/resource/gratitude-david-whyte/.

깨어 있음은 살아 있음을 전제로 한다

그러나 깨어 있음 전에 오는 것이 있다. 무엇일까? 우리는 그것을 돌아온 탕자 이야기에서 찾아볼 수 있다(눅 15:11-32).

탕자의 문제는 무엇이었을까? 많은 사람들에게 이 질문을 던졌을 때 그들이 제시한 답에는 이기주의, 미성숙, 탐욕, 나르시시즘, 세속주의, 쾌락주의, 동료 의존, 반항적 기질 등이 있었다. 이 대답들은 모두 어느 정도는 맞지만, 예수님이 누가복음 15장에서 우리에게 주신 대답은 아니다. 예수님은 그 답을 두 번 주셨는데, 그것은 이야기 속의 아버지가 하는 말을 통해 드러난다. "이 내 아들은 죽었다가 다시 살아났으며 내가 잃었다가 다시 얻었노라"(눅 15:24).

아버지는 이 말을 32절에서도 반복한다. "이 네 동생은 죽었다가 살아났으며 내가 잃었다가 얻었기로"(눅 15:23). 아들이 죽었기 때문에 감사할 수 없었던 것이다. 아버지에 대한 그의 감사하지 않는 마음은 아들의 죽은 상태에 뿌리를 두고 있었다. 마음에 감사함이 없을 때 그는 잃어버린 바 되었다.

마찬가지로 오늘날에도 감사하지 않는 사람은 그 사람이 하나님을 향해 죽은 상태임을 나타내는 것이다.

우리는 감사함을 고취하는 그런 종류의 깨어 있음을 연마하기에 앞서 먼저 살아 있어야 한다. 예수님은 니고데모와의 대화에서 살아 있음을 강조하셨다. "니고데모야, 너는 살아 있지 않구나. 너는 먼저 태어나야 한다. 살아 있지 않으면 너는 볼 수 없다"(요한복음 3장 3-5절의 내용을 풀어쓴 것이다). 그러나 하나님의 은혜로 당신이 "영생을 주시기로 작정된 자"(행 13:48)여서 하나님을 믿고 그 믿음으로 인해 의롭다 여기심을 받았다면, 당신은 하나님의 이름에 감사할 것이다. "진실로 의인들이 주의 이름에 감사하며 정직한 자들이 주의 앞에서 살리이다"(시 140:13).

거룩한 감사는 축복의 크기에 상관없이 온전히 깨어 있고, 기쁨으로 가득 차 있다. 진정한 감사는 축복의 크고 작음을 따지는 데 달려 있지 않다.

사람이 일단 그리스도 안에서 살아 있으면 그 사람은 성령과 협력하여 예수님의 성품을 계발하게 된다(롬 6:11, 고전 15:22, 엡 2:5). 예수님의 성품에는 감사의 실천에 중요한 자질들도 포함되어 있다. 감사하는 마음을 키우려면 깨어 있어야 하고, 만족할 줄 알아야 하며, 너그러움과 겸손 같은 자질을 계발해야 한다.

역사상 예수님보다 더 깨어 있고, 만족할 줄 알며, 너그럽고, 겸손한 사람은 없었다. 우리가 이런 자질들을 갖출 때 우리는 예수님의 성품을 닮아 가게 된다. 그 밖에도 (음침함에 대비되는) **쾌활함**, (냉담함에 대비되는) **섬세함**, (전에 표현된 적이 없는 방식으

8 감사와 경이

로 감사를 표현하는) 창의성 등과 같은 다른 많은 자질들도 거론할 수 있다.

깨어 있음과 관련하여 생각나는 링컨(Abraham Lincoln) 대통령의 일화가 있다. 링컨 대통령은 전시에 추수감사절을 제정하여 극심한 비판을 받았다. 전쟁으로 온 국민이 힘들어하는 시기에 추수감사절을 제정했기 때문에 국민의 정서를 헤아리지 못한다는 이유에서였다.

힘든 시기에 감사하는 사람들이 어리석다는 비난을 듣는 것은 드문 일이 아니다. 그들은 너무 어리석어서 현실을 제대로 보지 못한다는 말을 듣는다. 그러나 이 같은 주장과는 반대로 감사하는 마음은 불평하는 마음보다 덜 보는 것이 아니라, 오히려 더 많이 본다.

감사를 표현하는 것은 하나님의 은혜와 돌보심을 누리는 기쁨을 확장하고 완성하는 데 도움이 되지만, 감사하지 않음은 감사하지 않는 사람들을 속인다. 감사하지 않는 사람들은 스스로에게서 영혼을 확장할 기회를 빼앗는 셈이다. 감사하지 않는 마음의 머리는 자신이 해야 할 맛보기를 하지 않는다, 감사하지 않는 마음의 눈은 보아야 할 것을 보지 못한다. "너희는 여호와의 선하심을 맛보아 알지어다"(시 34:8).

감사는 감정만이 아니고, 생각만도 아니며, 행동만도 아니다. 아주 깊은 차원에서 감사는 가치를 인정하는 것이다. 혹은 누군가에 대해 살아 있는 것이다. 마치 싹을 틔우려고 하는 씨앗 속 깊숙이 숨어 있는 생명처럼 말이다.

따라서 감사는 더 큰 범주인 예배의 하위 범주다. 감사는 은혜를 베푼 사람을 찬양하므로 찬양의 한 형태라고 할 수 있다. 예배를 드리는 방식에는 여러 가지가 있는데 그중 하나가 바로 '감사'다. 감사는 '예배'라고 하는 극장 천막에 달린 전구 중 하나이며, '찬양'이라고 하는 커다란 화면에 있는 하나의 픽셀이다.

경이로운 것들에 경탄하기

감사는 우리의 가장 소중한 능력 가운데 하나인 경탄하는 능력을 강화시킨다. 우리는 경탄하기 위해 창조되었다. 우리는 경탄하는 것을 좋아한다. 어쩌면 이것은 우리의 가장 큰 즐거움일지도 모른다.

감사하는 것은 당신의 시야를 넓힐 수 있고, 그로 인해 지극히 평범한 것들을 하나님이 그 안에 숨겨 두신 경이로움으로 들끓게 만들 수 있다. 경이로운 것들은 평범한 것들 바로 뒤에 숨어 있으며, 그것들을 선명하게 보기 위해서는 당신은 그저 렌즈의 초점을 맞추기만 하면 된다.

경이로운 것들을 보고, 그것들이 당신의 마음과 생각 속에 다채로운 색상과 생기를 불어넣게 한 뒤 당신의 즐거움을 표현하는 것은, 당신 자신에게 깊은 만족감을 주고 주변 사람들을 즐겁게 할 수 있다.

우리 대부분은 구더기가 죽음과 부패를 연상시키는 불쾌하고 지저분하고 냄새나는 생물체라고 생각하지만, 그런 구더기에게조차 아름다움이 있고 그 나름의 쓸모가 있다. 나는 어떤 의사가 환자의 살갗이 벗겨진 상처 부위에 한 줌의 구더기를 넣고 그 위에 커다란 밴드를 붙이는 것을 보고 깜짝 놀란 적이 있다(그리고 약간 혐오감을 느끼기도 했다). 이틀 뒤, 의사가 밴드를 떼어 내어서 보니 구더기들이 기어 다니며 괴사된 피부 조직을 먹어 치움으로써 상처의 치유 과정을 돕고 있었다. 정말 경이로웠다.

어떤 사람들은 평범한 것들에 경탄하는 것을 너무 쉽게 경탄한다고 말할 수도 있을 것이다. 물론 쉽게 경탄하는 것이기도 하지만, 그것은 또한 바르게 경탄하는 것이기도 하다.

하나님이 설계하신 모든 것에는 경탄할 만한 놀라운 것이 있다. 이 우주는 하나님을 일종의 고요한 지도자로 섬기고 있다. "창세로부터 그의 보이지 아니하는 것들 곧 그의 영원하신 능력과 신성이 그가 만드신 만물에 분명히 보여 알려졌나니"(롬 1:20).

모든 것에 대해 항상 하나님께 감사해야 하는 우리의 특권과 책임을 다시금 상기하면서, 이 특권과 책임에 대해 좀 더 자세히 살펴보기로 하자. 모든 것이 하나님에게서 왔으니 하나님께 감사하고자 하는 것들을 구체적으로 아뢰라.

예를 들어, 식사 시간에 음식에 대해 일반적으로 감사드리는 대신 아이다호산 감자, 삶은 감자 틈 사이로 녹은 버터, 로메인 상추, 완두콩, 찻잔 속의 얼음에 대해 하나님께 감사드리라. 건강을 주신 데 대해 감사드리는 대신 순조롭게 기능하는 신장, 말을 하고 음식을 씹는 데 도움을 주는 치아, 하루 종일 당신을 위해 일한 침샘 등에 대해 하나님께 감사드리라.

사소한 것에도 감사를 표현하는 것을 목표로 관찰력을 발휘하다 보면, 결국 사소한 것들이 그리 따분하지만은 않다는 사실을 알게 될 것이다. 소설가 레이 브래드버리(Ray Bradbury)가 말한 것처럼 "당신의 눈을 경이로움으로 가득 채우라."[28]

운동선수가 다음 주에 있을 경기를 위해 오늘 연습을 함으로써 근육을 단련시키고 지구력을 기르는 것처럼, 우리는 오늘 감사를 표현함으로써 내일 경탄하는 능력을 키울 수 있다.

어떤 것을 경이롭게 만드는 것은 무엇인가? 경이로운 것은 감정을 불러일으키는 것이다. 경이로운 것은 경탄을 자아낸다.

---

[28] Ray Bradbury, *Fahrenheit 451*, 60th anniversary ed. (New York: Simon&Schuster, 2013), 150.

경탄은 영적인 활동이다. 돌이나 바위는 경탄하지 않는다. 살아 있는 존재만이 경탄하고, 놀라고, 감동하고, 경외감을 느낀다. 경탄은 정서적인 능력을 드리내는 동시에 정서적인 능력을 필요로 한다. 경탄은 아드레날린이 솟구치는 경험일 뿐만 아니라, 의식적인 생각과 감정의 언어적 표현이기도 하다. 사람들은 경탄할 때 소리 내어 말한다. 비록 고개를 흔들며 "음."이라고만 말할지라도 그 한마디 말 속에는 '우와! 환상적이야! 믿을 수 없군!'이라는 뜻이 담겨 있는 것이다.

경탄하는 사람들은 소리 내어 말한다. 그리고 말하는 방법 중 하나는 노래하는 것이다. "새 노래로 여호와께 찬송하라 그는 기이한 일을 행하사"(시 98:1).

여기에는 두 가지 진리가 있다. 첫째, 노래하는 이유는 기이한 것들, 경탄할 만한 것들이 있기 때문이다. 둘째, 경탄하는 적절한 방법은 노래하는 것이다! 시편 98편의 저자는 하나님이 행하신 기이한 일을 다음과 같이 상세히 설명한다.

"그의 오른손과 거룩한 팔로 자기를 위하여 구원을 베푸셨음이로다 여호와께서 그의 구원을 알게 하시며 그의 공의를 뭇 나라의 목전에서 명백히 나타내셨도다 그가 이스라엘의 집에 베푸신 인자와 성실을 기억하셨으므로 땅끝까지 이르는 모든 것이 우리 하나님의 구원을 보았도다"(시 98:1-3).

하나님이 행하신 기이한 일, 즉 구원과 공의는 '땅끝까지' 이른다. 그 장면이 머릿속에 그려지는가?

사실 경탄을 하고 안 하고의 여부는 어느 정도 그 사람의 경탄하는 능력에 달려 있다. 어떤 사람들은 드보르자크(Antonín Dvořák)의 '첼로 협주곡'(Cello Concerto in B minor, Op. 104)이나 슈만(Robert Schumann)의 '저녁의 노래'(Abendlied)를 들으며 숨이 멎을 듯한 감동을 받지만, 어떤 사람들은 듣다 말고 졸거나 지루해하며 채널을 돌린다.

감상하는 능력은 어느 정도 감상하는 사람 안에 내재되어 있다. 그러나 감상하는 능력이 전적으로 감상하는 사람의 눈에 좌우되는 것은 아니다. C. S. 루이스(C. S. Lewis)가 지적했듯이, 바닷가에서 휴일을 보낼 수 있었는데 그저 진흙 놀이에만 정신이 팔린 아이들은 무엇이 더 좋은 것인지 알지 못한다.[29] 그들은 미성숙하거나, 눈이 멀었거나, 죽은 상태다. 다시 말해서 이 우주에는 어떤 것의 경이로움을 측정하는, 인간의 가치 판단을 넘어서는 어떤 객관적인 기준이 있는 것이다.

이전 질문으로 돌아가 보자. 어떤 것을 경이롭게 만드는 것은 무엇인가? 어떤 면이 그것을 경이롭게 만드는가? 그것은 얼마나 크고, 광대하고, **빠르고**, 강력한가? 얼마나 크고 광범

---

[29] C. S. Lewis, *The Weight of Glory* (San Francisco: HarperCollins, 2001), 25–26.

위하게 영향을 미치는가? 그것은 장엄한 느낌을 전달하는가? 당신은 혼자 힘으로 그것을 성취할 수 있는가? 만약 혼자 힘으로 성취하는 것이 불가능하다면(직 피하기, 중병에서 회복되기, 파산 위기에 처한 회사 살리기 등), 그리고 갑자기 큰 도움의 손길이 다가온다면, 그것은 나름의 경이를 선사할 것이다. 기쁨이 수반되는 경이는 종종 모든 희망이 사라진 것처럼 보일 때, 특히 도움의 손길이 방대하고, 깊으며, 다른 모든 것에 영향을 미칠 때 발생한다.

안타깝게도 관찰력은 그리 쉽게 일깨워지지 않는다. 죄인들은 눈이 멀고 죽은 상태로 태어났다. 나는 경이로운 것들은 경탄을 자아낸다고 말했지만, 반드시 그런 것은 아니다. 경탄의 부재는 경이로운 것들 안에 경탄할 만한 측면이 없음을 나타내는 것이 아니라, 관찰자의 둔감함을 나타내는 것일 수도 있다.

경이로운 것들과 평범한 것들의 차이를 알아보는 능력을 예리하게 해주는 것은 무엇일까? 그 하나는 '대조'다. 지혜롭고 기쁨 가득한 사람들은 주로 '비교'와 '대조'를 통해서 차이를 분간한다. C. S. 루이스가 진흙 놀이와 바닷가에서의 휴일을 한 문장 안에서 언급했을 때 그는 대조를 사용했다.

경탄하는 능력을 키우려면 범속한 것과 거룩한 것, 흔한 것과 매우 드문 것의 차이를 주의 깊게 보라(이것이 바로 예수님이 병든 하인을 둔 백부장의 믿음에 놀라신 이유라고 생각한다. 백부장은 매우 드문 믿음을 보여 주었다). 저속한 것과 건전한 것, 적절한 것과 부적절한 것의 차이를 분별하라. 계획한 것 대 우연한 것, 사람들이 잘 알아차리지 못하는 정교함 대 원시적인 소박함, 의도적인 것 대 충동적인 것, 숙련된 기술 대 미숙한 손놀림을 알아보는 법을 배우라. 대조에 주의를 기울이면 가치 있는 것들의 진가를 알아보는 능력을 일깨울 수 있다. 감사와 경이는 서로 이웃 같은 관계다.

9

감사와 고통

**건강한 영혼은 최악의 상황에서도
하나님이 모든 것을 통해 선을 이루실 것을
알고 감사한다**

'감사'라는 주제에 대해 너무 밝고, 달콤하고, 아름답게만 생각하고 접근하지는 말자. 감사는 질병, 죄, 심지어 사탄까지 아우르는 우주 만물에 대한 하나님의 통치권 같은 것을 상정하는 어려운 주제다. 고통 중에 감사하는 것은 직관에 반하는 것으로 설명을 꼭 필요로 한다.

여기에는 고통에 대한 건강한 신학이 필수적이다. 고통에 대한 하나님의 선한 의도를 이해하지 못하고, 하나님이 고통을 통해 열매를 맺으시리라는 것을 믿지 못하는 사람은 하나님께 감사하지 않을 것이다. 그리고 앞서 살펴본 대로 감사하기를 거부하면 어리석고 헛된 생각이 들어설 여지가 생기게 된다.

1897년 존슨 오트먼(Johnson Oatman Jr.)은 '세상 모두 풍파 너를 흔들어'라는 찬송가(새찬송가 429장—편집자 주)의 가사를 썼다.

"세상 모든 풍파 너를 흔들어
약한 마음 낙심하게 될 때에

내려 주신 주의 복을 세어라.

주의 크신 복을 네가 알리라.

받은 복을 세어 보아라.

크신 복을 네가 알리라.

받은 복을 세어 보아라.

주의 크신 복을 네가 알리라."

이 노래는 편안한 밤을 보내고 아침 햇살이 환하게 밝아 올 때에만 복을 세어 보라고 하지 않는다. 세상 모든 풍파가 우리를 흔들어 낙심하게 될 때, 심지어 모든 것을 잃었을 때에도 우리가 받은 축복을 떠올리라고 한다.

아니, 그것은 사실이 아니다. 우리는 모든 것을 잃지는 않기 때문이다. 믿는 자에게 모든 것을 잃는 일은 일어나지 않는다.

이런 가사를 쓰기 위해서는 견고한 신학적 토대가 필요하다. 당신이 중병에 걸렸을 때 당신에게는 고통에 관한 건강한 신학이 필요하다. 당신이 궁핍할 때 당신에게는 시련에 관한 풍부한 신학이 필요하다. 이 타락한 세상에서는 세상 풍파가 우리를 흔들 것이 확실하다. 그런 일이 일어날 때 고통과 관련한 하나님의 선한 의도에 대한 성경적 이해가 부족하다면 우리는 감사하지 않을 것이다. 감사하는 대신 감사하지 않음에서 비롯된 영적 파편들을 쌓아올릴 것이다.

당신이 세어 보는 그 축복들을 주신 하나님에 대해 계속 묵상하라. 하나님이 우리에게 주신 좋은 것들은 이루 헤아릴 수 없을 만큼 많다. 축복을 헤아리다 보면 길을 잃고 헤매는 마음의 방향을 바로잡을 수 있게 될 것이다.

고통은 하나님을 사랑하는 사람들에게 늘 생산적이다

하나님이 우리의 고통에 대해 선한 의도를 가지고 계신다는 것은 무슨 뜻인가? 하나님은 고통의 아주 작은 일부도 헛되이 하지 않으신다. 고통은 생산적이고, 목적을 위한 수단이다. 우리는 고통이 하나님이 의도하신 것은 이루어지게 함으로써 하나님을 영화롭게 한다.

나의 아버지는 농사를 지으셨다. 돼지도 수천 마리를 키웠는데, 농토가 너무 작아서 그 돼지들의 배설물을 전부 다 거름으로 사용하기에는 무리였다. 다행히 이웃 농가들에서 그 거름을 필요로 했기 때문에 문제를 해결할 수 있었다. 거름을 뿌리는 것은 그리 녹록한 과정은 아니다. 지독한 악취가 코를 찌르기 때문이다. 농부들은 자신의 소중한 밭에 거름을 뿌릴 때 무슨 생각을 할까? 그들은 농작물을 생각한다. 거름을 준 땅에서 나올 농작물을 생각하고, 미래를 생각한다.

냄새나는 거름에서 먹음직스러운 농작물이 나오는 것처럼, 시련과 비극에서 하나님이 우리 삶에 맺으시려는 선한 열매가 맺힌다. 그러기에 우리는 고통스러운 비극을 앞을 내다보는 믿음의 눈으로 바라볼 수 있다. 고통이 선한 열매를 맺는다는 것을 뒷받침하는 성경의 본문 세 가지를 살펴보자.

"다만 이뿐 아니라 우리가 환난 중에도 즐거워하나니 이는 환난은 인내를, 인내는 연단을, 연단은 소망을 이루는 줄 앎이로다 소망이 우리를 부끄럽게 하지 아니함은 우리에게 주신 성령으로 말미암아 하나님의 사랑이 우리 마음에 부은 바 됨이니"(롬 5:3-5).

"내 형제들아 너희가 여러 가지 시험을 당하거든 온전히 기쁘게 여기라 이는 너희 믿음의 시련이 인내를 만들어 내는 줄 너희가 앎이라 인내를 온전히 이루라 이는 너희로 온전하고 구비하여 조금도 부족함이 없게 하려 함이라"(약 1:2-4).

"그러므로 우리가 낙심하지 아니하노니 우리의 겉 사람은 낡아지나 우리의 속사람은 날로 새로워지도다 우리가 잠시 받는 환난의 경한 것이 지극히 크고 영원한 영광의 중한 것을 우리에게 이루게 함이니 우리가 주목하는 것은 보이는 것이 아니요 보이지 않는 것이니 보이는 것은 잠깐이요 보이지 않는 것은 영원함이라"(고후 4:16-18).

하나님이 우리의 고통을 통해 맺으시는 열매는 얼마만한 가치가 있는 것인가? 바울은 고통이 지극히 크고 영원한 영광의 중한 것을 낳는다고 말한다. 그것은 다른 무엇과도 비교할 수 없을 만큼 가치 있는 것이다.

나중에 로마서에서 바울은 이것을 다시 확인시켜 준다. "생각하건대 현재의 고난은 장차 우리에게 나타날 영광과 비교할 수 없도다"(롬 8:18).

믿는 자들에게 시련은 항상 일시적인 것이며, 결코 멸망으로 끝나지 않고 열매 맺는 것으로 끝난다. 이것을 믿지 않는 사람들은 하나님께 감사하지 않을 것이다. 그리고 감사하지 않을 때 그들은 어리석고 헛된 길로 들어서게 된다.

창세기에서 요셉은 자신을 노예로 팔아넘긴 형제들에게 자비를 베푼다. 그가 그렇게 할 수 있었던 이유는 하나님이 형제들의 악한 행동을 선으로 바꾸실 것이라는 믿음이 있었기 때문이다. "당신들은 나를 해하려 하였으나 하나님은 그것을 선으로 바꾸사"(창 50:20).

다시 말하지만, 하나님은 우리에게 모든 것을 주신다. "우주와…만물을 지으신 하나님께서는 천지의 주재시니…만민에게 생명과 호흡과 만물을 친히 주시는 이심이라"(행 17:24-25). 그리고 모든 것에는 괴롭고 고통스러운 것들도 포함된다.

- 환난. 하나님은 말씀하신다. "나는 빛도 짓고 어둠도 창조하며 나는 평안도 짓고 환난도 창조하나니 나는 여호와라 이 모든 일들을 행하는 자니라"(사 45:7). "주의 명령이 아니면 누가 이것을 능히 말하여 이루게 할 수 있으랴 화와 복이 지존자의 입으로부터 나오지 아니하느냐"(애 3:37-38).
- 청각 장애, 시각 장애, 언어 장애. "여호와께서 그에게 이르시되 누가 사람의 입을 지었느냐 누가 말 못하는 자나 못 듣는 자나 눈 밝은 자나 맹인이 되게 하였느냐 나 여호와가 아니냐"(출 4:11).
- 고난. "그가 이르되…우리가 하나님께 복을 받았은즉 화도 받지 아니하겠느냐 하고 이 모든 일에 욥이 입술로 범죄하지 아니하니라"(욥 2:10).
- 시련. "우리를 괴롭게 하신 날수대로와 우리가 화를 당한 연수대로 우리를 기쁘게 하소서"(시 90:15).

- 기근. "그가 또 그 땅에 기근이 들게 하사 그들이 의지하고 있는 양식을 다 끊으셨도다 그가 한 사람을 앞서 보내셨음 이어 요셉이 종으로 팔렸도다"(시 105:16 17).

하나님은 그 안에 악이 없으시지만 이 모든 고통을 허락하신다. 지혜로운 사람들은 하나님이 그분을 사랑하는 자를 위해 모든 것이 합력하여 선을 이루게 하신다는 것을 믿는다(요셉이 노예로 팔려 가게 하심으로 기근에 대비하게 하신 것처럼 말이다). 이런 건강한 영혼은 최악의 상황에서도 하나님이 늘 모든 것을 통해 선을 이루시리라는 것을 알고 하나님께 감사한다. 기근이 닥쳤을 때 하나님은 거기서 끝내지 않으셨다. 하나님은 기근을 통해 요셉의 일족을 구하셨다.

우리는 고난이 사람을 단단하게 만든다는 것을 알고 있다. 그리고 성숙함과 확신을 가지고 세상을 마주하기 위해서는 이런 단단함이 필요하다는 것을 알고 있다. 추악한 상황에서 감사하려면 무한히 지혜로우신 하나님에 대한 확신이 있어야 한다. 추악한 상황을 아름답게 다루는 것은 이미 그 자체로 아름다움이며, 작은 것들에 감사하는 아름다움은 다른 것들에 대한 관찰력을 일깨워 무수한 아름다움을 보게 한다.

그러므로 감사하는 사람은 언제나 굳건한 믿음을 바탕으로 나쁜 소식에 잘 대처할 수 있다. "그는 흉한 소문을 두려워하지 아니함이여 여호와를 의뢰하고 그의 마음을 굳게 정하였도다 그의 마음이 견고하여 두려워하지 아니할 것이라"(시 112:7-8). 감사는 두려움과 우울, 분노, 슬픔, 자살 등을 극복하는 데 도움이 된다.

이렇게 생각해 보라. 사람은 스스로에게 "우울해하지 마."라고 말한다고 해서 우울한 기분에서 벗어날 수 있는 것은 아니다. 우울해하지 않기로 결정할 수 없는 것이다. 그러나 사람은 감사하기로 결정할 수는 있다. 그리고 감사하는 것은 우울감을 약화시킨다. 두려움도 약화시키고, 분노도 약화시킨다. 사람은 직접적으로 감사함으로써 우울이나 두려움 등의 부정적인 감정과 간접적으로 싸우게 된다.

하나님의 명령은 항상 모든 것에 대해 그분께 감사하라는 것이었음을 상기하라. 모기떼조차 하나님의 아이디어로, 우리가 그리스도의 성품을 닮아 가는 데 도움이 될 수 있다. 먹이 사슬에서 모기떼의 역할이 무엇이든지 간에 그들은 우리가 늘 매사에 주도권을 쥐고 있는 것은 아니며, 하나님의 의도를 전부 다 이해하지 못한다는 것을 상기시킴으로 우리를 겸허하게 만든다. 하나님은 우리에게 자신을 설명할 의무가 없으시고, 겸허하게 이것을 받아들이는 것이 우리 자신을 위해 좋다. 그러므로 모기떼에 대해서도 하나님께 감사하자.

고통을 끝내려고 해서는 안 되는가?

하나님이 우리에게 고통을 허락하시고 이를 통해 열매를 맺으신다고 해서 우리가 마조히스트나 사디스트가 되어야 하는 것은 아니다. 우리는 두 손을 들고 체념하듯 "될 대로 돼라."라고 수동적으로 말하지 않는다. 우리는 가능한 한 많은 고통을 끝내기 위해 아등바등 노력한다.

그러나 타락한 세상에서 어떤 고통은 피할 수 없다. 우리는 병을 치료하고, 튼튼한 다리를 건설하고, 위생에 신경 쓰고, 유용한 제품과 서비스를 개발하려고 노력한다. 오직 극단으로 치우친 종말론자들만이 지금 여기서 모든 고통과 굶주림과 갈등을 끝낼 수 있다고 여긴다. 그러나 이곳은 천국이 아니다. 적어도 아직은 아니다. 천국이 도래할 때 우리는 모든 것을 새롭게 하시는 하나님의 때가 완벽했음을 알게 될 것이다.

미음이 따르지 않는 감사는 위선인가?

당신은 육체적으로나 정서적으로 심한 상처를 입었을 때 감사하는 것은 위선이라고 생각할 수도 있다. 감사한 마음이 들지 않기 때문이다.

예수님이 위선에 대해 강력하게 경고하신 것은 사실이다. 예수님은 바리새인들이 위선자이며, 그들의 내면은 썩어 가는 시체로 가득한 회칠한 무덤 같다고 말씀하셨다. 그래도 감사를 표현하는 위선자가 아무 표현도 하지 않는 피도 눈물도 없는 악한보다 낫다. 위선을 정당화하려는 것이 아니다. 그러나 감사함을 느끼기도 전에 감사하기를 원하는 위선자는 마음속에 숨어 있는 위선을 몰아내고 있는 중인 것이다.

진정한 감사는 때때로 인위적이고 부자연스러운 감사로 시작된다. 예를 들어, 우리는 앞에서 스스로에게 우울해하지 말라고 말하는 것만으로는 우울한 기분에서 벗어날 수 없음을 살펴보았다. 그러나 감사가 우울감을 약화시킨다는 것을 깨달음으로써 감사할 것들을 찾고자 하는 동기가 생겨난다. 우울은 우리의 기분을 저조하게 만들고, 우리는 기분이 저조해지는 것을 원하지 않는다. 이럴 때 감사함으로 얻는 안도감은 더 많은 감사를 실천하도록 우리에게 동기를 부여해 준다. 그리하여 괴로움을 최소화하고, 결국에는 보다 나은 감정, 감사한 감정이 생길 수 있는 토대를 마련해 준다.

감사한 감정을 느끼지 못할 때 실제로 감사한 마음을 갖기란 매우 힘든 일일 수 있다. 그럴 때에는 첫째, 회개하라. 감사하지 않는 것은 잘못된 것이므로 감사하지 않는 마음의 그릇됨을 인정하라. 둘째, 당신의 마음 안에 감사함을 일깨워 주시도록 하나님께 구하라. 셋째, 하나님께 순종적으로 감사하기 시작하라(12장이 도움이 될 것이다). 이 모든 것을 행할 때 하나님이 당신에게 진심 어린 감사를 허락해 주시기를 기대하라. 이런 종류의 기대를 다른 말로 표현하면 바로 '믿음'이다.

계속해서 감사를 실천하다 보면 결국 진심으로 감사할 수 있게 된다. 이렇게 감사함으로 인해 확장된 마음은 더욱더 많은 감사의 표현을 추구하게 할 것이고, 그래서 그것은 하나님이 주시는 힘 안에서 상승 작용을 일으킬 것이다.

욥은 "비록 하나님이 나를 죽이실지라도 나는 그를 신뢰할 것이다"(욥 13:15, 현대인의성경)라고 말했다. 매우 힘든 상황에서 우리는 비록 마음이 따르지 않더라도 하나님을 영화롭게 할 수 있으며, 우리가 하나님께 순종하는 동안 마음이 따르게 해 달라고 기도할 수 있다.

"감사하라."라는 말은 명령이다. 따라서 우리는 감사해야 한다. 그런 다음 우리가 처한 상황에서 하나님의 선하심에 어울리는 생각과 감정을 키워 나가려고 노력해야 한다. 그것은 어린아이가 양치를 하거나, 브로콜리를 먹거나, 귀 뒤쪽을 씻는 방법을 배우는 것과 같다. 아이는 처음에는 이 일들을 하고 싶어 하지 않겠지만, 성장하면서 점차 누가 시키지 않아도 양치를 하고, 브로콜리를 먹고, 귀 뒤쪽을 씻게 된다. 명령을 내면화했기 때문이다. 당신도 그렇게 되게 해달라고 하나님께 구하라.

고통과 하나님에 대한 우리의 사랑

우리는 하나님의 목적을 전부 다 이해하지는 못하기에 고난 속에서 감사함을 느끼지 못하는 경우가 많이 있다. 위기를 넘긴 후에는 하나님께 감사하는 것이 좋은 일임을 받아들일 수도 있을 것이다. 그렇다면 고통 중에 있을 때에도 과연 감사할 수 있을까?

그러나 믿음으로 우리는 고통에 대해, 그리고 고통 중에 하나님께 진심으로 감사할 수 있다. 하나님이 그분을 사랑하는 자들을 위해 지금 이 순간 모든 것이 합력하여 선을 이루게 하시는 데 대해 감사할 수 있다. 우리가 당한 시련은 우리가 갈망하는 평안과 만족을 잠시 방해할 수 있지만, 우리는 지금의 고난이 나중에 더 큰 평안과 만족을 가져다줄 것임을 알고 또 믿을 수 있다.

그러니 속히 감사하자. 월터 러셀 보위(Walter Russell Bowie)는 이렇게 기도했다. "우리에게…속히 기쁨에 찬 감사의 말을 하는 방법을 가르쳐 주소서."[30]

결국에는 믿는 자와 믿지 않는 자 모두에게 모든 것이 잘될 것인가? 아니, 그렇지 않다. 우리는 힘든 상황 자체에 감사하

---

[30] Horton Davies, ed., *The Communion of Saints: Prayers of the Famous* (Grand Rapids, MI: Eerdmans, 1990), 131.

지 않는다. 우리는 아무것도 헛되이 하지 않으시고 하나님을 사랑하는 자들을 위해 힘든 상황을 선으로 바꾸시는 무한히 지혜로우신 하나님께 감사한다. 당신은 로마서 8장 28절에 나오는 조건을 알아차렸는가? 하나님은 그분을 사랑하는 자들을 위해 모든 것이 합력하여 선을 이루게 하신다. 그러므로 우리가 고통받고 있을 때조차도 중요한 질문은 "당신은 하나님을 사랑하는가?"이다.

하나님이 허락하신 고난 가운데서도 우리는 그 고통을 주신 하나님을 사랑할 수 있다. 하나님이 그 고통을 통해 다른 무엇과도 비교할 수 없는 영광의 중한 것을 이루려 하신다는 확신이 있기 때문이다. 나는 내 치아를 드릴로 가는 치과 의사를 사랑할 수 있다. 폐가 터질 것 같은데도 또다시 언덕을 달려 올라가게 하는 운동 코치를 사랑할 수 있다. 그들은 나를 위해 애쓰고 있으며, 내가 겪는 고통은 내가 원하는 바를 얻기 위해 받아들여야 하는 것이기 때문이다.

나의 개인적인 고난

당신은 이렇게 생각할 수도 있을 것이다. '샘, 당신은 고난과 시련에 대해 하나님께 감사하라고 말하지만, 당신은 많은 고난을 겪은 적이 있나요?' 충분히 할 수 있는 질문이다. 내가 겪었던 고통 몇 가지를 언급하고자 한다. 영광의 배지로서가 아니라, 내가 평안의 상아탑 안에서 위선적으로 말하는 것이 아님을 보여 주기 위해서다.

나는 다발성 골절을 포함한 다양한 육체적 고통을 겪었다. 한번은 자전거를 타다가 차에 치여서 갈비뼈 두 개와 손가락이 부러졌다. 숨쉴 때마다 통증이 느껴졌고, 3주 동안 꼼짝없이 침대에 누워 기침이나 재채기조차도 할 수 없었다. 몇 년 전에 했던 탈장 수술로 인해 기능 장애와 운동 장애를 겪기도 했다. 또한 10년 전에는 양쪽 폐에 혈전이 생겨서 며칠 동안 숨쉬기 힘들었을 정도로 극심한 통증에 시달렸다. 의사가 내 침대로 다가와 "신변 정리는 하셨나요? 유언장은 준비하셨습니까?"라고 물을 정도였다. 확실히 나는 심각한 상태였다. 통증이 어찌나 심하던지 며칠 동안 한숨도 자지 못했다.

나는 또한 정신적인 트라우마도 겪었다. 집에 도둑이 들어 살림살이를 다 헤집어 놓은 적이 여러 번 있었는데, 한번은 구리 배관을 뜯어가기까지 했다. 믿었던 사람에게 배신을 당한 적도 있다. 그를 용서하기까지의 과정을 여기서 일일이 다 말할 수는 없지만, 그 사건은 내 인생을 통째로 바꿀 정도로 큰 상처였다.

그리고 나는 두 아이를 잃었다.

비록 다시는 그런 고통을 겪고 싶지 않지만, 내 인생에서 가장 유익한 것들의 일부는 바로 그런 고난을 통해 주어졌음을 말하기 위해서 이런 경험을 나누는 것이다. 사랑하는 사람들이 그런 고통을 겪기를 바라는 것은 아니다. 내 삶은 그런 고통을 통해 열매를 맺었기에 그런 고통은 경험할 만한 가치가 있었다고 말하고 싶다. 지혜로우신 하나님의 손안에서 우리의 가장 큰 고통은 가장 큰 성장과 성취, 만족, 그리고 결국에는 기쁨을 낳는다.

지난 몇 년 동안 나는 많은 사람들에게, 인생에서 가장 힘든 시기를 통해 얻은 것들이 하나님께 감사할 이유가 되었는지를 물어보았다. 그들은 주저하지 않고 그렇다고 대답했다. 당신이 아직 고통 중에 있다면 그렇다고 대답하기 힘들겠지만, 하나님은 거기서 끝내지 않으신다. 하나님은 당신에게 견딜 수 있는 힘을 주신다. 그러니 믿음으로 하나님께 감사드리자.

감사의 슬픔

슬픔과 감사를 동시에 마음에 지니는 것은 인간적으로 불가능해 보일 때가 많다. 여기에는 모든 것을 가능하게 하시는 하나님의 은혜가 필요하다. 그리고 성경에서 가르치는 대로 우리에게는 이런 은혜가 주어졌다. 바울처럼 우리는 스스로를 슬퍼하는 사람 같지만 항상 기뻐하는 존재로 바라볼 수 있다(고후 6:10). 우리는 슬픔 속에서도 감사할 수 있다.

나는 나의 어머니인 아델 로즈 주프 크랩트리 크로스(Adele Rose Joop Crabtree Cross) 여사를 60년 간 알아 왔다. 대부분의 사람들은 자기 어머니에 대해 칭찬할 만한 것들을 말하곤 하는데, 그렇게 하는 것은 당연한 일이다. 우리 어머니는 조금 특별하다. 내가 여기서 어머니를 존경하는 것은 단순히 나의 어머니이기 때문이라고 생각하는 사람들도 있을 것이다. 그러나 나의 어머니를 아는 사람이라면 누구나 그녀가 깊은 신앙심을 지닌 매우 특별한 여인이었음을 증언해 줄 것이다.

어머니가 돌아가시기 몇 년 전, 나는 언젠가 어머니가 돌아가시면 내 마음이 어떨지에 대해 생각해 본 적이 있었다. 27세가 되던 해에 아버지가 돌아가셨을 때에는 눈물을 바닥에 뚝뚝 떨어뜨리며 울 정도로 슬퍼했다. 그러나 어머니의 죽음 앞에서는 조금 다를 것이라고 생각했다. 어머니는 아버지보다 30년 이상을 더 사셨기에 내가 어머니를 알고 지내 온 세월은 아버지보다 두 배가 넘었다. 어머니는 아버지가 보지 못하고 돌아가신 손주들을 깊이 사랑하셨다.

어머니의 장례식 때 나는 조의문을 낭독했다. 감정이 북받쳤지만, 내가 예상했던 그런 깊은 슬픔을 경험하지는 못했다.

어머니가 돌아가시고 몇 주가 지난 후, 나는 한 컨퍼런스 센터에서 직원 수련회를 인도하고 있었다. 동트기 전에 일어나서 성경을 읽고 일기를 쓰고 있는데, 갑자기 눈물이 나기 시작했다. 옆방에서 잠자는 사람을 깨우지는 않을까 걱정이 될 정도로 크게 흐느껴 울었다. 흐느껴 우는 동안 내가 느낀 감정은 주로 그런 어머니를 둔 특권을 누린 데 대한 놀라움이었다. 나는 슬프기보다는 감사했다.

나는 크게 상심하지 않았으며, 오히려 그동안 특권을 누려 왔다는 생각이 들었다. 내가 무엇이라고 60년 간 그런 과분한 은총을 누려 왔단 말인가? 물론 어머니를 잃은 것은 크나큰 상실이었다. 하지만 나는 주로 감사를, 다시 말해서 하나님이 나에게 그런 어머니를 주신 데 대한 깊은 감사를 느꼈다. 슬픔과 감사가 공존했다. 슬픔과 감사는 융화될 수 없는 것이 아니다.

바울은 우리가 신자로서 슬퍼하는 것이지 소망 없는 사람들처럼 슬퍼하는 것이 아니라고 말한다(살전 4:13). 슬픔과 감사는 극과 극에 있지 않다. 슬픔과 감사는 함께 일시적인 것들의 아름다움을 가리킬 수 있다. 어머니는 비록 눈에 보이지 않지만, 오늘 어머니는 그 어느 때보다 아름답다. 나는 어머니의 일시적이고 순간적인 삶을 볼 수 있었고, 그것도 슬픔과 감사를 통해 더 잘 볼 수 있었다.

하나님은 우리의 고통을 통해 무언가를 창조하신다

중요한 것은 '하나님이 우리의 고통을 통해 무언가를 창조하신다.'라는 진리를 받아들이는 것이다. 하나님은 우리 안에 무언가를 창조하시고, 우리를 통해 무언가를 창조하신다. 이 사실을 받아들이지 않는 것은 하나님을 외면하는 것이고, 하나님께 감사하지 않는 것이며(그렇다. 고통에 대해서도 감사해야 한다), 우리의 마음이 어두워지고 어리석어지는 것이다.

고통에 대한 하나님의 주권을 인정하지 않을 때 비극적인 결과가 발생한다. 하나님이 우리의 고통 속에 가치 있는 무언가를 창조하신다고 믿지 않는다면, 우리는 하나님께 감사하지 않을 것이다. 그리고 우리가 하나님께 감사하지 않는다면, 하나님은 우리를 어리석음과 허망함 가운데 두실 것이다.

그러나 진심으로 감사하는 사람이 되고 싶어 하는 사람들도 때로는 그렇게 하지 못할 때가 있다. 그 이유는 무엇일까? 무엇이 그들을 가로막는 것일까?

10

감사에
장애가 되는 것들

우리는 천성적으로 감사할 줄 모른다
바쁜 일상 때문에 감사할 줄 모른다
그리고 영적으로 눈이 멀어 감사할 줄 모른다

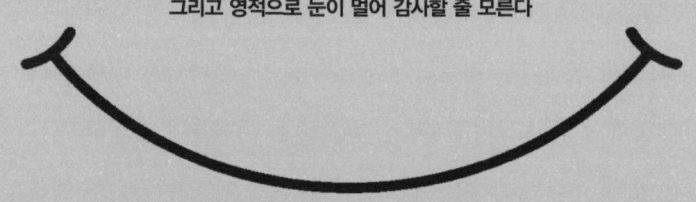

하나님께 감사할 것들이 우리 주위에 가득하다면, 그리고 감사함으로 인해 좋은 일이 생기고 감사 없음에서 썩은 열매가 맺힌다는 것을 안다면, 과연 우리가 감사하지 못하도록 방해하는 것은 무엇일까? 무엇이 우리를 가로막고 있는 것일까?

한 가지 이유는, 일단 우리에게는 감사하지 않는 습성이 몸에 배어 있다는 것이다. 우리는 태어날 때부터 칭얼칭얼 보채며 생난리를 친다. 그리고 성인이 되면 이미 자기 중심적인 감사 없음과 불평불만에 꽤나 익숙해져 있다. 우리는 천성적으로 감사할 줄 모르는 족속인 것이다.

또 다른 이유는, 주변에서 감사하지 않는 경우를 우리가 너무 많이 접한다는 것이다. 다른 사람들이 불평의 소리를 질러 대니까 우리도 그렇게 한다. 다른 많은 사람들이 감사하지 않는데 왜 우리는 그렇게 하면 안 된단 말인가? 게다가 우리에게는 불평할 것이 너무나 많다. 우리는 불완전한 세상에 살고 있다. 생계를 꾸리고, 아이를 키우고, 모든 일이 순조롭게 돌아가도록 하는 데 정신이 팔려 있다 보니 감사할 마음의 여유가 없는 것이다. 우리는 너무나 바쁘다. 그래서 주변 곳곳에 있는 고마운 것들에 대해 감사를 표현할 기회를 놓치고 있다.

하지만 더 큰 문제가 있다. 감사에 있어서 가장 큰 장애가 되는 것은 우리가 영적으로 눈이 멀어 있다는 사실이다. 모세는 바로 앞에 있는 것도 보지 못하는 상태에 대해 언급한다.

"모세가 온 이스라엘을 소집하고 그들에게 이르되 여호와께서 애굽 땅에서 너희의 목전에 바로와 그의 모든 신하와 그의 온 땅에 행하신 모든 일을 너희가 보았나니 곧 그 큰 시험과 이적과 큰 기사를 네 눈으로 보았느니라 그러나 깨닫는 마음과 보는 눈과 듣는 귀는 오늘 여호와께서 너희에게 주지 아니하셨느니라"(신 29:2-4).

보아도 보지 못한다는 것! 눈먼 우리는 축복이 주어졌을 때 우리에게 주어진 복만 볼 뿐, 복을 주시는 분은 보지 못한다. 또는 복을 복으로 보지 못하고, 오히려 불편하고 성가신 것으로 본다. 참된 시각은 바르게 본다. "우리가 주목하는 것은 보이는 것이 아니요 보이지 않는 것이니 보이는 것은 잠깐이요 보이지 않는 것은 영원함이라"(고후 4:18).

우리는 일시적인 것은 보아도, 영원한 것은 보지 못한다. 야위고 쇠약해진 겉 사람은 보아도, 새로워진 속사람은 보지 못한다. 예수님은 보아도 보지 못하는 것에 대해 말씀하신다.

"이 백성들의 마음이 완악하여져서 그 귀는 듣기에 둔하고 눈은 감았으니 이는 눈으로 보고 귀로 듣고 마음으로 깨달아 돌이켜 내게 고침을 받을까 두려워함이라 하였느니라 그러나 너희 눈은 봄으로, 너희 귀는 들음으로 복이 있도다"(마 13:15-16).

나는 진정으로 볼 수 있는 눈을 가지고 있을까? 빌 헐(Bill Hull)은 다음과 같이 썼다.

"비전을 붙잡으려면 우선 눈을 떠야 한다. 영적 실재는 알아보기가 쉽지 않다. 특히 눈가리개를 쓰고 평생을 살아온 사람들에게는 그렇다. 예수님은 '내가…이 세상에 왔으니 보지 못하는 자들은 보게…하려 함이라'(요 9:39)라고 말씀하셨다."[31]

---

[31] Bill Hull, *Jesus Christ, Disciplemaker* (Grand Rapids, MI: Baker, 1984), 24.

제이슨 메이어(Jason Meyer)는 바르게 보기 위한 우리의 노력에 대해 다음과 같이 썼다.

"문제는 우리가 눈이 멀어서 하나님의 영광을 보지 못한다는 것이다. 이 시대의 신이 우리 눈에 눈가리개를 씌워서 우리는 십자가에 달리신 그리스도의 영광을 보지 못한다(고후 4:3-4). 회심은 우리의 영적 무지와 어둠을 극복하는, 하나님의 새로운 창조 사역이다.

이 새로워진 눈으로 십자가를 바라볼 때 교만이 사라진다. 왜 그럴까? 십자가를 바르게 보는 사람은 스스로를 바르게 보기 때문이다.

우리는 십자가에 달리신 예수님을 보고 우리의 죄를 본다. 십자가는 우리가 하나님께 무엇을 받아 마땅한지를 보여 준다. 그리스도께서 부당하게 받으신 치욕을 깨닫지 않고서는 그리스도의 은혜를 받을 수 없다.

눈먼 성화는 없다. 우리는 주의 영광을 봄으로써 주의 모습을 닮아 가게 되어 영광에서 영광에 이른다(고후 3:18). 그러므로 성화는 바르게 보기 위한 노력이다."[32]

---

[32] Jason Meyer, "Pride," *Killjoys: The Seven Deadly Sins*, ed. Marshall Segal (Minneapolis: Desiring God, 2015), 14-15.

시인 엘리자베스 배럿 브라우닝(Elizabeth Barrett Browning)의 다음 시구도 한번 살펴보자.

"땅은 하늘로 가득 차 있고

모든 평범한 떨기나무에는 하나님의 불이 타오르네.

하지만 오직 눈 밝은 자만이 신발을 벗어 들고

나머지는 그 주위에 둘러앉아 산딸기를 따네."[33]

눈먼 상태는 어느 정도 우리 스스로 초래한 것이기도 하다. 우리는 죄를 지어서 눈이 어두워졌다. 죄악은 눈을 멀게 한다. 다윗의 말처럼 나의 죄악이 나를 덮치므로 우러러볼 수도 없다(시 40:12). 눈먼 상태가 죄악을 낳은 것이 아니라 그 반대인 것이다. 끈질긴 죄성은 죄인을 이해하지 못하게 한다. 그는 이해는커녕 관찰조차 하지 못하기 때문에, 주의 깊게 보려고 애를 써도 소용없다. 그는 개천을 향해 곧장 나아가고 있어도 그 사실을 알아차리지 못한다. 안개 속에서 다리가 없다는 사실도 알아차리지 못한다.

죄악은 우리를 덮칠 힘이 있다. 그것은 무력하거나 둔하지 않고 활동적이다. 죄악은 그림자처럼 가만히 있지 않는다. 오

---

[33] Elizabeth Barrett Browning, *Aurora Leigh*, book 7 (1856), http://digital.library.upenn.edu/women/barrett/aurora/aurora.html.

히려 이곳저곳을 기웃거리며 더 약한 힘들을 포획한다. 시편 40편에서 곤경에 처하고 죄악을 가지고 있는 사람은 바로 '나'다. 그러므로 다른 사람을 손가락질할 필요가 없다.

그러나 시편 40편에서 우리 모두에게 참으로 좋은 소식은, 자신의 죄악으로 눈멀었던 사람이 보기 시작했다는 것이다. 그는 자신이 눈이 멀었음을 본다. 그리고 자신이 곤경에 처했음을 깨닫는다. 그의 영적인 눈이 회복된다. 맹인은 시력을 되찾는다. 하나님은 자비로우시기에 모든 구원받은 죄인들은 "잃었던 생명 찾았고 광명을 얻었네."라고 노래할 수 있다(새찬송가 305장, '나 같은 죄인 살리신'—편집자 주).

하나님이 당신에게 눈먼 상태를 극복하는 은혜를 주셨으므로, 모든 사람은 하나님의 손안에 있는 도구라는 사실을 기억하라. 사람들을 보고 또 그들에게 감사하려고 의식적으로 노력하라. 자녀와 배우자, 목사님, 평신도, 이웃, 가게 점원, 그리고 텔레마케터 등 모든 사람에게 감사하라.

다행히도 감사하는 것은 우리가 계발할 수 있는 습관이다. 마음에서 우러나와 진심으로 감사할 수 있게 해달라고 하나님께 간구하라. 그리고 하나님께 눈을 뜨게 해달라고 거듭 청하라.

11

감사하는 법에 관한
다양한 질문들

감사하기 힘든 여러 상황들에서
어떻게 감사할 수 있을까?

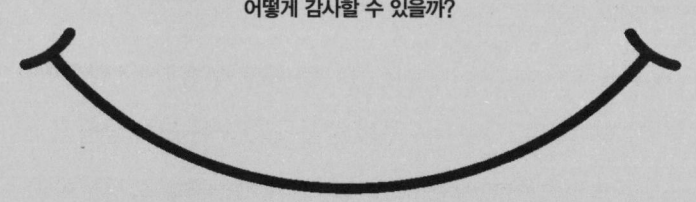

책을 쓰는 것은 자신이 어떤 것에 대해 얼마나 모르고 있는지를 알 수 있는 좋은 방법이다. 나는 감사하는 법에 통달했다고는 할 수 없다. 질문과 문제들에는 답이 필요하다. 이 장에서는 질문들 중 일부를 다루어 보겠다.

짜증이 날 때 어떻게 해야 할까?

그것은 무엇 때문에 짜증이 나는지에 따라 다르다. 어쩌면 당신은 쉽게 짜증을 내는 사람일지도 모른다. 당신을 짜증 나게 하는 것에 대해 하나님께 감사하고, 보다 성숙해지라. 짜증에서 벗어나라. 당신이 우주의 중심이고, 모든 것이 당신 뜻대로 돌아가야 하며, 모든 사람이 당신의 마음을 읽고 당신이 원하는 대로 할 것이라는 기대를 접으라.

야구 경기에서 홈팀이 계속 지고 있으면 기분이 언짢은가? 기대를 내려놓으라. 아이들이 음식을 흘릴 것이라고, 교통 체증이 심할 것이라고, 날씨가 궂을 것이라고 생각하지 못했는가? 생각을 바꾸라. 아이들은 음식을 흘릴 수도 있고, 길이 막혀 차들은 기어 다닐 수도 있고, 비를 좀 맞을 수도 있다고 생각하면 매사에 좀 더 잘 대처할 수 있을 것이다.

당신의 짜증이 정당한 것이라면 상황을 바로잡아 언짢은 마음이 사라지게 하라. 자꾸 러그에 발이 걸려 넘어지는가? 그러면 조치를 취하라. 가구에 계속 발가락을 찧는 것이 싫은가? 가구를 당장 옮기라. 어둠을 저주하는 대신 촛불을 키는 방법을 택하라. 아니면 민원을 넣으면 된다. 집 앞 도로에 생긴 구멍 때문에 마음이 불편한가? 민원 센터에 신고하라.

그리고 당신의 유익을 위해 이 짜증스러운 상황들을 사용하시는 하나님께 감사하라. 하나님은 이런 상황들을 사용하셔서 당신이 해결책을 찾아내게 하시고, 천국에 대한 당신의 소망이 더 깊어지게 하신다.

가까운 사람이 엄청난 비극을 겪었을 경우 이런 상황에서 어떻게 감사해야 할까?

사랑과 연민으로 그 사람을 대하라. 모든 일에 대해 항상 감사해야 한다는 말은, 이런 상황에서 당신의 입에서 나오는 첫마디가 감사의 말이어야 한다는 뜻이 아니다. 고통을 당한 사람 곁에 있어 주라. 그 사람과 함께 슬퍼하라.

포옹과 눈물은 그 상황에서 감사를 없애는 것이 아니라, 오히려 슬픔을 당해도 항상 기뻐할 수 있는 여지를 마련해 준다(고후 6:10). 적당한 때에 성령님이 당신에게 무슨 말을 해야 할지 알려 주실 것이다.

사랑하는 사람들이 테러리스트에게 붙잡혀 박해를 당하고 있는가? 슬퍼하고 중재하라. 그리고 거기서 끝내지 않으실 선하시고 위대하신 하나님의 주권을 온전히 바라보라.

교회에 문제가 생겼을 경우 어떻게 해야 할까?

문제에 대해 하나님께 감사하라. 하나님을 의지하라. 기도하라. 교회는 당신의 것이 아니다. 교회의 주인 되시는 하나님께 기도하라.

그리고 당신이 알고 있는 사실이 확실한 것인지 확인해 보라. 문제를 어떻게 보느냐에 따라서 당신이 조금이라도 잘못 알고 있을 수 있음을 인정할 준비를 하라. 어떤 호소를 하든 정중하게 말하고, 자비롭게 판단하라. 문제가 제기되거나 해결되기 전에도 모든 사람들에게 선을 행하라. 그리고 기꺼이 인내하라. 당신은 문제를 해결하지 못할 수도 있고, 관련된 사람들을 변화시키지 못할 수도 있다.

한 가지 이상의 의견이 있을 때 당신이 원하는 대로 되지 않을 수도 있음을 기억하라. 다른 사람들의 의견이 우세할 수도 있다. 하나님은 하나님을 사랑하는 사람들을 위해 모든 것이 합력하여 선을 이루게 하신다. 로마서 2장 1절을 천천히 읽고 당신 안에 문제가 있을 수도 있음을 생각하라. "그러므로 남을 판단하는 사람아, 누구를 막론하고 네가 핑계하지 못할 것은 남을 판단하는 것으로 네가 너를 정죄함이니 판단하는 네가 같은 일을 행함이니라."

목회자의 약점이 거슬릴 경우 어떻게 해야 할까?

하나님이 당신의 삶 가운데 두신 불완전한 지도자에 대해 하나님께 감사하라. 모든 목회자들에게는 약점이 있다. 당신의 교회 목사님이 불완전한 양떼를 돌보고 있음을 기억하라. 당신은 양떼의 약점에 대해 목사님이 어떻게 대해야 한다고 생각하는가?

당신 자신의 약점을 인정하라. 먼저 당신의 눈에서 들보를 빼내라. 목사님을 위해 기도하라. 목사님을 격려하라. 늘 칭찬할 만한 것들을 칭찬하라. 그리고 적당한 때가 되면 겸손한 태도로 좋은 제안을 하라.

배우자의 단점으로 짜증이 날 경우 어떻게 해야 할까?

당신의 배우자와 결혼하게 해주신 하나님께 감사하라.

우리의 위대한 신랑이신 예수님께서는 완벽함과는 거리가 멀고, 음탕하고, 우상 숭배적이기까지 한 신부가 있다는 것을 기억하라.

그럼에도 그녀에 대한 언약을 신실하게 지키심으로 비할 데 없는 아름다움을 보여 주셨음을 기억하라. 예수님은 신부에 의해 그리고 신부를 위해 끔찍한 고통을 겪으시면서도 그렇게 하셨다.

다음을 생각해 보라.

- 예수님은 완벽하지 않은 신부(그의 몸 된 교회)를 사랑하실 수 있는가? 그렇다.
- 예수님은 완벽하지 않은 개개인을 사랑하실 수 있는가? 그렇다.
- 지혜롭고, 용감하고, 성령 충만한 배우자는 완벽하지 않은 배우자를 사랑할 수 있는가? 그렇다.
- 하나님의 도우심으로 당신은 완벽하지 않은 배우자를 사랑할 수 있는가? (적어도 이론적으로는) 그렇다.
- 그렇다면 당신은 완벽하지 않은 배우자를 사랑하겠는가?

배우자(또는 자녀, 부모, 직장 동료, 상사 등)의 단점은 바로 당신이 그리스도를 닮아 가는 데 있어서 꼭 필요한 것일 수도 있다. 아더 W. 핑크(Arthur W. Pink)는 우리의 "괴로움은 하나님이 정하신 것"[34]임을 상기시켜 준다.

---

[34] Arthur W. Pink, *A. W. Pink's Studies in the Scriptures, 1928-1929* (Lafayette, IN: Sovereign Grace, 2001), 4:183.

상인이나 집주인의 서비스 품질이 좋지 않을 경우 어떻게 해야 할까?

그리스도의 성품을 닮아 성장할 수 있는 기회를 주신 것에 대해 하나님께 감사하라. 상대방에게 정중한 태도로 문제가 있음을 알리라. 그리고 가능하다면 문제가 해결될 수 있도록 도우라.

자녀가 진심으로 고마워하지 않을 경우에도 감사하다고 말하도록 가르쳐야 할까?

진심 어린 감사의 표현은 예의다. 그런데 마음이 아직 충분히 설득되기 전이라도 감사하다고 표현하는 것 또한 예의다. 이것이 아이들의 입에서 저절로 감사하다는 말이 나오기 한참 전에 감사하다고 말하도록 가르치는 것이 좋은 이유 중 하나다. 마음이 예의 바른 행동에 따라가도록 기도하라.

아이들에게 적절한 감사 표현을 가르치고, 감사를 표현하는 것이 예의임을 가르치라. 아이들이 당신에게 감사하다고 말할 때, 특히 그들이 진심으로 고마워하는 것 같을 때 아이들을 칭찬하라. 아이들의 마음속에 감사함이 자라도록, 그리하여 그들이 성장하고 발전함에 따라 점차 자발적으로 감사를 표현할 수 있도록 기도하라.

크리스마스에 마음에 들지 않는 스웨터를 선물로 받았을 경우에도 감사하다고 말해야 할까?

항상 모든 것에 대해 하나님께 감사하라. 그렇다고 해서 마음에 안 드는 것들에 대해 거짓말을 하라는 뜻은 아니다. 마음에 안 드는 것을 마음에 든다고 말한다면 그것은 거짓말이 될 것이다. 그러나 진실을 말할 때에도 친절하고 사려 깊은 태도가 필요하다. 그러므로 우선 스웨터와 스웨터를 선물한 사람에 대해, 그리고 그리스도의 성품을 닮아 갈 수 있는 기회에 대해 하나님께 감사하라. 그런 다음 선물한 사람에게 그의 관대한 마음, 추운 계절에 따뜻한 옷을 선물한 배려심 등 당신이 정직한 마음으로 감사할 수 있는 부분들에 대해 감사하라.

잠깐 시간을 내어 하나님께 스웨터와 관련한 긍정적인 것들을 생각나게 해달라고 청하면, 당신이 미처 보지 못했던 것들을 떠올릴 수 있게 될 것이다. 그것들에 대해 감사하라.

한편 어떤 것이 진실이라고 해서 그것에 대해서 다 말할 필요는 없다. 숙모가 뚱뚱하다거나, 삼촌이 허풍이 심하다거나,

그들이 선물한 스웨터가 별로라거나 하는 등의 말을 굳이 할 필요는 없다. 세상에는 많은 진실이 말해지지 않은 채로 남아 있다.

누군가에게 감사 카드를 받았을 경우 다시 카드로 답장을 써 보내야 할까?

누군가가 나에게 감사를 표현하는 것은 감사한 일이지만, 여기에 대해 다시 감사 카드를 보내는 것은 일반적이지는 않다. 존 파이퍼(John Piper)의 2008년 설교 "감사는 하나님께 순종하는 데 있어서 그릇된 동기인가?"(Is Gratitude a Bad Motivation for Obeying God?)[35]에 이러한 유의 '빚진 자의 윤리'에 대한 탁월한 설명이 나와 있으니 참고하라. 감사 카드를 받은 것에 대해서만 하나님께 감사하면 된다. 감사 카드에 대해 다시 감사 카드를 쓰는, 끝없이 반복되는 상황 속으로 굳이 이끌려 들어갈 필요는 없다.

---

[35] John Piper, "Is Gratitude a Bad Motivation for Obeying God?," desiringGod.org, July 9, 2008, https://www.desiringgod.org/interviews/is-gratitude-a-bad-motivation-for-obeying-god.

12

감사를 표현하는 100가지 방법

세상 모든 풍파 당신을 흔들 때
주님이 내려 주신 복을 세어 보라

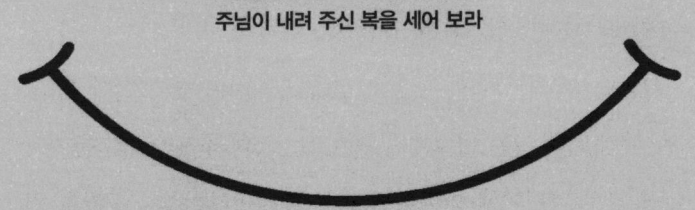

감사를 표현하는 방법에 대한 조언이 필요한 이유는 무엇일까? 진심으로 감사하다면 이런 조언에서 굳이 힌트를 얻지 않아도 감사한 마음이 저절로 드러나지 않을까? 그렇다. 그러나 성경은 변화된 마음에서 우러나오는 사랑의 행위에 대해 말하고 있지만, 그럼에도 권유와 명령을 포함해서 어떻게 사랑을 실천할 것인지에 대한 많은 교훈도 주고 있음을 기억하라.

이와 비슷하게, 진정으로 감사하는 사람은 감사를 표현하는 방법에 대한 조언에 점점 더 마음을 열 수 있을 것이다. 그런 사람에게 조언은 부담감이나 의무감으로 다가오지 않는다.

한 아가씨와 사랑에 빠진 청년을 생각해 보자. 그는 선물 공세를 펼침으로 그녀에 대한 사랑을 표현하고 싶어 한다. 선물을 하기 위해 그는 어떻게 할까? 그는 그녀의 자매들과 룸메이트들과 어머니에게 아이디어를 구할 것이다. 그는 조언을 원하는 것이다!

감사는 단순히 배워야 할 교리가 아니라 경험해야 할 영적 태도이기에, 아래에 감사를 표현하는 방법에 관한 100가지 아이디어를 제시해 보았다. 각각의 아이디어는 손쉽게 하나님 중심적인 것으로 만들 수 있다.

예를 들어, 좋은 설교를 듣고 목사님께 감사할 때 "목사님의 신실한 설교를 듣게 해주신 하나님께 감사합니다."와 같은 말을 하거나, 그 설교자가 행하는 선한 일의 중심에 하나님을 두는 표현을 사용하는 것이다.

1. 가게 계산대에서 신용 카드를 돌려받을 때 나는 카드 리더기의 자그마한 화면에 "도움을 준 _____(직원 이름)에게 감사하는 것을 잊지 마세요."라고 쓰여 있다고 상상하고 직원에게 감사를 표한다. 그러면 그 직원은 물론 주변의 손님들까지 덩달아 얼굴이 환해지곤 한다. 까다로운 손님들을 많이 응대하는 서비스직 종사자들을 기운 나게 해주는 것은 어떨까?
2. 교회에서 예배드릴 때 나는 나중에 잊지 않고 감사를 전하려고 항상 주보에 감사해야 할 사람들을 적어 놓는다.

예를 들면, 신실하고 시의적절한 설교를 한 목사님, 아름다운 음악을 들려준 연주자들, 교회에 처음 나온 사람들을 따뜻하게 맞아 준 안내 위원들, 커피포트에 커피가 부족할 때마다 다시 채워 준 사람들 등에게 감사를 표한다.

3. 추수감사절이나 크리스마스 때 교회를 아름답게 장식해 주는 사람들에게 감사의 말을 전하라. 분위기를 바꾸고 변화를 만들어 준 사람들에게 감사하라.

4. 선물 받은 것들에 대해 그 선물을 준 사람에게 감사하라.

5. 직장 상사와 동료, 부하 직원들에게 감사하라. (나는 한곳에서 15년 동안 일하며 250명이 넘는 직원들을 관리, 감독한 적이 있다. 그때 나는 그들이 한 일에 대해 감사를 표하고 칭찬하는 데 많은 관심을 갖고 시간을 투자했다. 그렇게 한 것은 직원들의 사기를 높여 주었고, 가치 있는 것들을 부각시켰으며, 바람직한 행동 패턴에 대한 보상이 되었다. 보상받은 행동은 반복되는 경향이 있다.)

6. "나는 _____(어떤 행동이나 사람)을 당연하게 생각하지 않겠다."라고 소리 내어 말하라. 그리고 실천하라.

7. 당신이 살고 있는 지역의 시장에게 그의 시정 활동에 내해 감사하는 편지를 쓰라.

8. 지금까지 한 번도 감사해 본 적이 없는 것들, 예를 들면 신체 부위나 세포의 구성 요소, 시중에 판매되는 제품, 친척의 이름, 원소, 약속, 시구(詩句) 한 소절 등에 대해 하나님

께 감사하라. (나는 이렇게 하는 것을 습관으로 만들려고 노력 중이다.)

9. 식사 기도를 할 때 눈을 뜨고 접시에 담긴 음식 하나하나를 보며 하나님께 감사하라. 껍질째 구운 감자, 아스파라거스 봉오리, 프렌치드레싱에 버무린 토마토 등에 대해 구체적으로 감사하라.

10. 도시 지도자와 접촉하여 구체적인 어떤 것에 대해, 즉 최근의 도로 보수 공사라든가 경찰관 교육, 새 도로 표지판 같은 것들에 대해 감사하라.

11. 감사하는 마음이 날로 커지도록 하나님께 기도하라. 지금 바로(다음 제안으로 넘어가기 전에) 하나님께 청하라.

12. 요구하는 기도문이 아닌 감사와 찬양만으로 이루어진 기도문을 쓰라.

13. 자녀나 손주들에게 "나는 감사하는 사람이 되고 싶어. 내가 누구에게 감사해야 한다고 생각하니?"라고 구체적으로 물어보라. 그런 다음 그대로 실행에 옮기라.

14. 다음에 교회에 갈 때 누구에게, 무엇에 대해 감사할지 살펴보라.

15. 당신을 짜증 나게 하는 것 하나를 떠올리라. 그런 다음 선하신 하나님이 그것을 통해 이루시는 무언가를 생각하라. 당신을 짜증 나게 하는 것과, 그것으로 인해 당신의 삶에 맺힌 열매에 대해 하나님께 감사하라.

16. 예수님이 열 명의 나병 환자를 고치신 이야기가 성경에 있음을 하나님께 감사하라. 그 부분을 다시 읽어 보라.

17. 예수님께 감사한 한 명의 나환자나 감사하지 않은 다른 나환자 중 한 명의 시각으로 짤막한 이야기를 써 보라.

18. 수세기 동안 금지되고, 불태워지고, 일부가 잘려 나가는 과정을 겪은 성경을 지금껏 보존해 주신 것에 대해 하나님께 감사하라.

19. 육체적인 것이든 감정적인 것이든 당신의 인생에서 가장 고통스러웠던 경험을 떠올려 보라. 그런 다음 야고보서 1장 2-4절, 로마서 5장 3-5절, 고린도후서 4장 17-18절 같은 성경 구절들을 읽으라. 당신이 겪은 고통을 통해 하나님이 당신의 삶 가운데 이루신 것들에 대해 하나님께 감사하라.

20. 예수님이 이루 말할 수 없는 고통을 견디신 것에 대해 감사한 마음을 표현하라.

21. 당신이 하나님의 아들의 형상을 본받게 하기 위해 모든 것을 사용하신 하나님께 감사하라(롬 8:28, 29). 하나님이 당신의 삶 가운데 허락하신 가장 큰 시련 중 하나를 생각하라. 그리고 당신이 예수님의 성품(온유함, 인내, 동정심, 용기, 지혜 등)을 닮아 가도록 돕기 위해 그 시련을 사용하신 하나님께 감사하라.

22. 감사를 주제로 한 찬송가 가사를 써 보라.
23. 경찰관을 만나면 그가 당신의 안전을 위해 일상적으로 위험한 상황을 마주하는 데 대해 감사하라. 주유소나 편의점 같은 곳에서 경찰관들을 만나면 커피라도 사라.
24. 감사 카드와 봉투를 여러 장 구비해 놓으라. 눈에 잘 안 띄는 곳에 보관하지 말고, 언제든 바로 사용할 수 있도록 한 장이라도 꺼내 놓으라.
25. 이전에 한 번도 만난 적이 없는 사람에 대해 하나님께 감사하라. 예를 들면 당신이 사는 지역에 복음을 전한 선교사, 당신이 처방받은 약을 개발한 실험실 연구원, 당신이 타고 다니는 차를 조립한 공장 근로자, 당신의 집에서 흘러나오는 오수를 처리하는 시청 하수처리과 직원, 이 책이 출판되기 전에 교정을 본 편집자 등에 대해 하나님께 감사하라.
26. 당신이 당연시하여 왔던 발명품들에 대해서 하나님께 감사하라. 예를 들면 문의 경첩, 종이, 회로 차단기, 스테이플러, 벨크로, 접착테이프 등에 대해서 감사하라. 그리고 그것들을 발명한 사람들에 대해서도 하나님께 감사하라.
27. 당신이 사용하는 물건 중 만족스러운 제품이 있는가? 그 물건을 만든 회사에 감사의 마음을 전하라. (회사들에는 대

체로 만족한 고객보다는 불만에 찬 고객의 전화가 더 많이 걸려 온다.) 그들의 하루를 밝게 만들어 주라.

28. 식당에서 종업원에게 팁만 건네지 말고, 감사의 말도 함께 건네라.

29. 공공 화장실을 청소하거나, 상가 주변의 쓰레기를 줍거나, 공원의 쓰레기통을 비우는 미화원들을 보면 그들의 수고로 주변이 깨끗해진 데 대해 감사하라.

30. 추수감사절의 가족 모임에 대해 감사하는 짤막한 연설문을 써 보라. 아마도 각 가족 구성원의 특별한 점에 대해 하나님께 감사하게 될 것이다.

31. 햇빛과 비, 공기, 새들의 노랫소리, 계절의 변화, 바다를 순환하는 조수, 중력 등 하나님이 모든 사람에게 똑같이 주시는 '일반 은총'에 대해 하나님께 감사하라.

32. 하나님이 우리를 택하시고, 의롭다 하시고, 부르시고, 새롭게 하시고, 죄를 사하시고, 자녀 삼으시고, 회개하게 하시고, 영화롭게 하시는 등 신자들에게만 주시는 '특별 은총'에 대해 하나님께 감사하라.

33. 에베소서 2장 8절을 읽고 당신의 믿음에 대해 하나님께 감사하라.

34. 당신이 친구들의 얼굴을 알아볼 수 있음에 하나님께 감사하라. (신경 과학자들은 '안면 인식 장애'라는 현상을 발견했는데, 이

장애가 있는 사람은 사람들의 얼굴을 구별하지 못한다. 부모와 배우자, 자녀의 얼굴도 알아볼 수가 없다.) 그리고 친구들의 이름을 하나씩 부르며 그들에 대해 하나님께 감사하라. 어린 시절의 친구들에 대해서도 하나님께 감사하라.

35. 미니애폴리스 시내에 있는 내 사무실까지 걷다 보면 다리를 절뚝거리는 한 남자의 집을 지나게 된다. 그는 한쪽 발에 밑창의 두께가 20센티미터쯤 되는 신발을 신고 있다. 그는 평생 뛰어 본 적이 없다. 당신의 발과 다리, 그리고 달릴 때 얼굴을 스치는 바람을 느낄 수 있는 특권에 대해 하나님께 감사하라. 신발에 대해서도 하나님께 감사하라. 좋은 소식을 가져오는 아름다운 발에 대해 하나님께 감사하라(사 52:7).

36. 책을 읽을 수 있는 당신의 눈에 대해 하나님께 감사하라. 눈의 복잡한 구조와 기능에 대해 알아보고, 눈의 각 부분과 그 놀라운 기능에 대해 하나님께 감사하라.

37. 내 손자 케일럽(Caleb)은 태어나고 며칠 동안 신생아 집중치료실에 있어야 했다. 케일럽의 기저귀가 축축해졌을 때 내가 기저귀를 갈아 주겠다고 자청했다. 케일럽의 엄마와 내가 복잡하게 얽힌 튜브와 전선을 헤치고 기저귀를 가는 동안 케일럽은 의사들이 기다리던 일을 하기 시작했다. 바로 첫 번째 장운동의 결과물인 태변을 내보낸

것이다. 나는 눈물이 날 만큼 기뻤다. 그것은 모든 것이 순조롭게 진행되고 있다는 증거였기 때문이다. 당신의 일상적인 배변 활동에 대해 하나님께 감사하라. 장운동이 이루어지지 않는다면 당신은 살 수 없을 것이다.

38. 이 책을 내려놓고 근처에 있는 사물 하나를 택해서 자세히 들여다보라. 지금 당신 앞에 있는 그 물건의 세세한 부분에 대해 하나님께 감사하라. (내 경우에는 위를 올려다보니 목재로 된 찬장 문이 보인다. 자세히 보니 나뭇결이 보인다. 찬장 문이 나무였을 때 수액이 그 나뭇결을 타고 여름에는 좀 더 많이, 겨울에는 좀 더 적게 흘러내렸을 것이다. 그 나무는 수십 년 동안 비바람에 노출된 채 때로는 영하의 겨울을, 때로는 불볕더위의 한여름을 견디면서 바깥에 서 있었다. 하나님이 그 나무를 돌보셨고, 이제 그 나무는 우리 집 찬장 문으로 사용되고 있다. 하나님은 계절의 변화와 비, 뿌리, 광합성, 햇빛, 탄소 등 나무의 성장과 관련된 모든 것을 돌보셨다.)

39. 초콜릿, 도넛, 차이콥스키(Pyotr I. Tchaikovsky)의 '교향곡 4번'(Symphony No.4 in F minor, Op. 36), 반려견 등과 같은 당신이 좋아하는 것들의 목록을 만들고, 그것들에 대해 하나님께 감사하는 기쁨을 맛보라.

40. 나는 전 세계의 선교사들에게서 다양한 소식지를 받고 있다. 그리고 그 소식지에 나오는 내용에 대한 의견을 몇 자 적어서 답 메일을 보내곤 한다. 특히 그들이 보내

주는 사진들이 고마워서, 거기에 대해 고마운 마음을 전한다. 선교사에게 어떻게 고마운 마음을 표현할지, 그리고 그 선교사에 대해 하나님께 어떻게 감사드릴 수 있을지 생각해 보라.

41. 과일을 먹을 때 그 과일나무를 심거나, 과일을 따거나, 포장하거나, 운송한 사람들을 생각하라.

42. 줄 쳐진 종이 왼쪽 여백에 세로로 알파벳을 순서대로 적으라(한국 독자들의 경우 한글 자음을 순서대로 적어 보라–편집자 주). 그런 다음 각 글자로 시작하는 것들을 쓰고, 그 각각의 것들에 대해 하나님께 감사하라. 자녀들과 함께 해봐도 좋을 것이다.

43. 당신이 태어난 이후에 생긴 무언가로부터 당신이 혜택을 받은 것에 대해 하나님께 감사하라.

44. 알렉산드로스(Alexandros)의 대제국, 메이플라워호 등 이제는 존재하지 않는 것들에 대해 하나님께 감사하라.

45. 다양한 언어로 감사하다고 말하는 법을 배우라. 그리고 그 말을 실제로 사용해 보라.

46. 세상이 흰색과 검정색, 회색으로만 이루어져 있다면 어떨 것 같은가? 다양한 색을 주신 하나님께 감사하라. 그리고 그 색들을 볼 수 있게 해주는 눈의 망막에 대해 하나님께 감사하라.

47. 하나님의 도우심으로 당신이 극복할 수 있었던 나쁜 습관에 대해 하나님께 감사하라.

48. 하나님이 당신의 삶 가운데 이루신 좋은 습관에 대해 하나님께 감사하라.

49. 당신의 생활 습관에 영향을 미친 사람들에게 감사하라. 야구의 타격 자세를 교정해 준 코치라든가 금연을 하도록 도와준 의사, 성경 읽는 습관을 들이도록 격려해 준 멘토, 인간관계나 자기 수용과 관련하여 도움을 준 상담가 등에게 감사하라.

50. 신체의 일부를 보고 그것에 대해 하나님께 감사하라. 돋보기를 이용해서 그 부분을 자세히 살펴보고 세부적인 것들에 대해 하나님께 감사하라. 피부 바로 밑에는 무엇이 있는가? 그 부분에 대해서도 하나님께 감사하라. 몸이 살아서 기능하게 해주는 소화 작용, 호흡 작용, 순환 작용과 같은 것들에 대해 하나님께 감사하라.

51. 다음과 같은 다윗의 말을 묵상하라. "내가 여호와께 그의 의를 따라 감사함이여 지존하신 여호와의 이름을 찬양하리로다"(시 7:17). 하나님께 감사하는 노래를 부르라. 다른 누군가에게 함께 부르자고 청하라.

52. 당신이 좋아하는 아로마를 떠올리고 그것에 대해 하나님께 감사하라.

53. 방, 빌딩, 도시, 섬, 행성 등 특정 장소에 대해 하나님께 감사하라.
54. 산책을 하면서 하나님께 감사할 만한 것들을 10여 가지 찾아보라.
55. 전에 고맙다는 말을 해본 적이 없는 사람에게 고맙다고 말하라.
56. 시편 100편을 암송하라. 그 짤막한 시에서 하나님께 감사할 것들을 일곱 가지 이상 찾아보라.
57. 당신이 다니는 교회가 아닌 다른 교회의 목사님에게 그가 하나님의 일을 하는 데 대해 감사하는 편지를 쓰라.
58. 감사가 단지 의무가 아니라 하나의 생활 방식이 되게 해달라고 하나님께 구하라.
59. 타이머를 맞춰 놓고 1분 동안 침묵해 보라. 그리고 그 경험에 대해 하나님께 감사하라.
60. 성령을 보내 주신 데 대해 하나님 아버지(요 14:26)와 예수님(요 15:26)께 감사하라. 성령으로 인해 당신의 삶이 어떻게 달라졌는지 설명하라.
61. 성령은 '보혜사'라고 불린다. 성령께서 당신을 도우신 것들에 대해 구체적으로 감사하라.
62. 돈으로 살 수 없는 것들을 꼽아 보라. 그것들에 대해 하나님과 다른 사람들에게 감사하라.

63. 성경에 나오는 하나님의 약속을 떠올려 보라. 그 약속에 대해 하나님께 감사하라.

64. 감사를 전하는 가장 일반적인 방법은 감사하다고 말하는 것이다. 감사함을 표현할 때 사용하는 입, 혀, 치아, 입술, 폐, 후두 등의 신체 부위들을 생각하라. 당신이 감사하다고 말할 수 있도록 모태에서 이 기관들을 만들어서 거저 주신 하나님께 감사하라.

65. 누군가에게 칭찬을 들은 적이 있는가? 그 사람에게 감사하다고 말하라. 그리고 칭찬받을 만한 무언가를 주신 하나님께 감사하라. 당신을 칭찬한 사람에게 하나님께 함께 감사드리자고 청하라.

66. 당신이 다니는 교회의 목사님이 목회를 잘하도록 내조한 사모님에게 감사 편지를 쓰라.

67. 직장에서 임금 인상이 있었는가? 휴가를 낼 수 있었는가? 이러한 것들을 당연하게 생각하지 말고 감사하다고 말하라.

68. 익명으로 누군가를 칭찬하라. 익명으로 한 칭찬이기에 상대방은 당신에게 고맙다는 말을 할 수 없을 것이다. 이것을 통해 당신은 수많은 것을 주시고도 당신에게 감사의 말을 듣지 못하신 하나님에 대한 감사함이 더 커질 것이다.

69. 식당에서 식사할 때 늘 두둑한 팁과 함께 종업원의 (당신의 잔을 채우는) 민첩함과 쾌활함 같은 것들에 대해 고마움을 표현하라.

70. 당신의 음성 메일은 인사로 시작하는가? 그 안에 감사한 마음이 전달되는 말이 들어 있는가?

71. 각 사람이 앞에 나와 마이크를 잡고 "나는 _____에 대해 하나님께 감사합니다."라고 말하는 '오픈 마이크' 시간을 가지라. 아니면 하나님께 감사한 것들을 쪽지에 써서 사무실 벽이나 교실 칠판에 붙여 놓는 것은 어떠한가?

72. 당신은 주석 성경을 사용하는가? 만약 그렇다면 그 성경을 만든 출판사나 주석을 쓴 사람에게 감사 편지를 보내라.

73. 시간이 오래 지나면 아주 중요한 사건들에 대한 감사의 마음이 잊힐 수 있다. 정자와 난자가 만나서 당신이 만들어진 일이라든가, 당신이 어린 시절에 병을 이겨 냈던 일 등 당신의 인생에 지대한 영향을 미친 사건들에 대해 생각해 보라. 그리고 아주 먼 과거에 예수님이 십자가에 달리시면서 당신을 생각하신 것을 기억하라. 자기만족에서 벗어나 이러한 일들의 중요성을 되새기며 하나님께 감사하라.

74. 끊임없는 잔소리에도 당신을 용서하고 계속 사랑해 준 배우자, 상환일을 넘겨서 빚을 갚았는데도 연체 이자를 받지 않은 채권자 등 당신에게 자비를 베푼 사람을 생각하라.
75. 신발 끈 묶기나 구두 닦기, 물 끓이기, 가위 사용하기 등 어린아이들이 하기 힘든 일들을 생각하라. 이런 일들을 당신에게 가르쳐 준 사람들에게 감사하라. 그들이 고인이 되었거나 연락이 닿지 않는다면 그들에 대해 하나님께 감사하라.
76. 집 안에 있는 각각의 방을 떠올리며 그 방과 관련된 일에 대해 식구들에게 감사하라. 예를 들어 현관에 코트를 걸어 둔 것, 차고에 자전거를 넣어 둔 것, 세탁기를 돌린 것, 다락에 있는 트렁크 속의 물건들을 정리한 것, 식기세척기에 그릇들을 정리해서 넣은 것, 화장실 수건걸이에 수건을 건 것, 빨래 바구니에 양말을 던져 넣은 것 등이 있을 수 있다.
77. 특정한 그리스도인 순교자를 떠올리고 그의 용기와 신실함에 대해 하나님께 감사하라.
78. 당신은 항상 감사하는 사람을 아는가? (이 질문을 서둘러 지나치지 말고 잘 생각해 보라.) 좋은 본보기가 되어 준 것에 대해 그 사람에게 감사하라.

79. 감사의 마음을 표현하고자 나는 어린 시절부터 시작해서 청소년기와 성인기를 지나기까지 과거에 내가 다니던 교회의 목사님들에게 편지를 썼다. (목사님이 돌아가셨을 경우에는 사모님에게 썼다.) 또한 수십 년간 뵙지 못한 고등학교 및 대학 시절의 선생님들에게도 연락을 취했다. 그분들은 모두 한결같이 따뜻한 반응을 보여 주었다. 수년 전이나 수십 년 전에 당신을 도와준 사람이 있는가? 주일학교 선생님이나 처음 입사한 회사의 사장님 같은 사람들은 어떤가? 당신이 지금도 감사한 마음으로 그들을 기억하고 있음을 알게 하라.

80. 날마다 당신이 하나님께 감사하는 무언가를 사진 찍어서, 그 사진들을 집 안의 특정한 장소에 걸어 두라.

81. 장례식에 참석하거나 신문의 부고란을 읽을 때 우리에게 본이 될 만한 삶을 산 사람들에 대해 하나님께 감사하라. 그리고 이렇게 살면 안 된다는 것을 보여 준 사람들에 대해서도 하나님께 감사하라.

82. 가장 좋아하는 성경이나 특별히 좋아하는 성경 구절이 있는가? 그것을 쓴 저자에 대해, 그리고 그가 그것을 쓰게 된 상황에 대해 하나님께 감사하라.

83. 시편 75편의 다음 구절을 묵상하라. "하나님이여 우리가 주께 감사하고 감사함은 주의 이름이 가까움이라"(시

75:1). 하나님의 이름이 가까울 때 어떻게 해야 하는가? 감사해야 한다. 성경에서 감사할 이유들을 찾아보라. 그리고 감사하라.

84. 내 안에 감사가 없음을 고백하는 기도를 드리라. 그런 다음 용서하시고 깨끗하게 하시는 하나님께 감사드리라.

85. 찬장이나 서랍, 또는 벽장 앞에 서서 그 안에 들어 있는 각각의 물건들에 대해 하나님께 감사하라.

86. 찬송가 '아름다운 하늘과'(새찬송가 593장-편집자 주)의 각 소절을 노래하라. 이 찬송가를 작사한 폴리엇 피어포인트(Folliot S. Pierpoint)에 대해 하나님께 감사하라.

87. 하나님이 당신의 어머니의 태에서 만드신 당신의 생물학적 성에 대해 하나님께 감사하라(시 139:13-14). 모태에 대해 하나님께 감사하라.

88. 당신이 힘들 때 마치 예수님이 당신의 삶을 어루만지시는 것처럼 위로해 준 사람에게 감사 편지를 보내라.

89. 이 책의 저자와 이 목록을 위해 기도하라. 그가 종종 투덜대고 불평하면서 감사를 말하는 위선자가 되지 않게 해달라고 하나님께 청하라.

90. 하나님은 몇몇 사람들을 도구로 사용하셔서 당신을 믿음으로 이끄셨다. 사람들을 주님께로 이끈 이들에 대해 하나님께 감사하라.

91. G. K. 체스터턴(G. K. Chesterton)이 한 다음과 같은 말을 생각해 보라. 그리고 당신의 삶에 적용해 보라. "여러분은 식사 전에 기도를 합니다. 그것도 좋습니다. 그러나 나는 콘서트와 오페라가 시작되기 전에도 기도하고, 연극과 팬터마임이 시작되기 전에도 기도합니다. 책을 펴기 전에도 기도합니다. 그림을 그리고, 수영을 하고, 펜싱을 하고, 권투를 하고, 산책을 하고, 춤을 추기 전에도 기도합니다. 펜을 잉크에 담그기 전에도 기도합니다."[36]

92. 당신의 손과 손가락을 보라. 하나님이 주신 그 경이로운 선물들에 대해 생각하라. 당신이 그것들을 가지고 한 모든 일을 생각하라. 당신의 부모님의 손에 대해 하나님께 감사하라.

93. 우리가 해야 할 일들이 축복이라기보다는 짐처럼 느껴질 때도 있다. 그러나 감사하는 눈으로 보면 이것들은 특권이다. 세금을 내고 누리는 혜택이나 소화 기관이 제대로 기능하지 않는 아기들을 생각하면, 세금을 내는 것에서부터 아기의 기저귀를 가는 것에 이르기까지 모든 것이 특권일 수 있다. 당신이 해야 할 일들을 적어

---

[36] G. K. Chesterton, "A Grace," in *The Collected Works of G. K. Chesterton* (San Francisco: Ignatius Press, 2012), 10:43.

보고, 그 일들을 통해 하나님께 영광 돌릴 수 있도록 당신에게 그 일을 주신 하나님께 감사하라.

94. 당신은 하루에 2만 번 가량 호흡을 한다. 이것을 당연하게 여기지 말라. 시편 150편 6절의 내용처럼 호흡이 있는 자마다 그 호흡과 그 밖의 모든 것에 대해 하나님께 감사해야 할 것이다.

95. 찬송가 '세상 모든 풍파 너를 흔들어'(새찬송가 429장-편집자 주)를 가사의 의미를 생각하면서 읽은 후 노래를 불러 보라.

96. 당신이 받은 복을 세어 보고, 하나씩 말해 보라.

97. 음악을 들으면서 눈물을 흘리거나 발장단을 맞춰 본 적이 있는가? 그런 음악이 있음에 감사하라. 그리고 나무 상자(바이올린)에 줄을 매어, (다른 것도 아닌) 말총을 부착한 막대(활)로 그 줄을 문질러서 공기 중의 분자를 흔들어, 그 진동이 당신의 귀에 닿고, 귀지와 북처럼 생긴 얇은 막과 세 개의 작은 뼈를 통과하여, 복잡한 구조의 달팽이관을 거쳐 뇌에 도달하게 함으로써 '오, 수재너'(Oh, Susanna)나 차이콥스키의 '바이올린 협주곡'(Violin Concerto in D Major, Op. 35) 2악장의 서정적인 음악을 들을 수 있는 세상을 설계하신 하나님께 감사하라. 놀랍게도 하나님은 이런 일을 가능하게 하는 청각 기관을 발명하셨

다. 이 우주와 당신의 몸과 영혼이 이런 방식으로 작동하게끔 설계하신 하나님께 감사하라. 음악을 가능하게 한 물질적 우주전체에 대해 하나님께 감사하고, 그 각 부분들에 대해 하나님께 감사하라.

98. 지갑 속을 들여다보고 감사할 것들을 찾아보라. 당신이 태어난 날이라든가 자동차를 운전할 수 있는 능력, 건강 보험 같은 것들에 대해 하나님께 감사하라.

99. 기독교 출판사에 편집를 보내, 거기서 출판된 책들에 대해 감사하라.

100. 이 목록에 당신의 제안을 덧붙이고, 그렇게 할 수 있는 창의력을 주신 하나님께 감사하라.

감사의 말

주님, 감사합니다

어느 날 우리 집에서 소그룹 모임을 인도하고 있는데 피터 올니(Peter Olney)가 찾아왔다. 그는 코트를 벗으며 말했다. "다음에 당신이 써야 할 책이 떠올랐어요. 바로 『감사의 기술』(Practicing Thankfulness)이랍니다." 그는 그 이유에 대해 설명했고, 나는 그의 말을 진지하게 받아들였으며, 지금 당신의 손에 들려 있는 책이 바로 그것이다.

크로스웨이 출판사의 데이브 드윗(Dave DeWit)은 처음부터 격려를 아끼지 않았다.

낸시 드모스 월게머스(Nancy DeMoss Wolgemuth)가 한마디 보탰다. "크로스웨이의 제안을 받아들이셨으면 해요. 제 생각에 감사에 관한 책은 많을수록 좋고, 감사의 필요성은 아무리 자주 상기시켜도 부족하니까요."

토머스 워맥(Thomas Womack)은 책의 구조와 관련하여 많은 도움을 주었다. 수년 전, 하나님은 나에게 비키 게일(Vicki Gail)을 보내 주셨는데, 그녀는 내가 이 프로젝트를 위해 휴가를 냈을 때 군소리 없이 나를 지지해 주었다.

그 몇 년 전에 크레인(Crain) 양은 일리노이주 뷰로정션에서 다섯 살짜리 사내아이에게 책 읽는 법을 가르쳤다. 얼마나 감사한 일인지 모른다!

이 모든 것들은 모두 주님의 손에 들린 도구들이다. 나는 지금 키보드 앞에 앉아 양손의 손끝이 가볍게 맞닿은 상태에서 검지손가락으로 천천히 내 입술을 두드리며 계속해서 "주님, 감사합니다. 주님, 감사합니다." 하고 속삭이고 있는 나 자신을 발견한다.

사명선언문

너희가 흠이 없고 순전하여……세상에서 그들 가운데 빛들로
나타내며 생명의 말씀을 밝혀 _ 빌 2:15-16

1. 생명을 담겠습니다
만드는 책에 주님 주신 생명을 담겠습니다.
그 책으로 복음을 선포하겠습니다.

2. 말씀을 밝히겠습니다
생명의 근본은 말씀입니다.
말씀을 밝혀 성도와 교회의 성장을 돕겠습니다.

3. 빛이 되겠습니다
시대와 영혼의 어두움을 밝혀 주님 앞으로 이끄는
빛이 되는 책을 만들겠습니다.

4. 순전히 행하겠습니다
책을 만들고 전하는 일과 경영하는 일에 부끄러움이 없는
정직함으로 행하겠습니다.

5. 끝까지 전파하겠습니다
모든 사람에게, 땅 끝까지, 주님 오시는 그날까지
복음을 전하는 사명을 다하겠습니다.

서점 안내

광화문점 서울시 종로구 새문안로 69 구세군회관 1층
02)737-2288 / 02)737-4623(F)

강남점 서울시 서초구 신반포로 177 반포쇼핑타운 3동 2층
02)595-1211 / 02)595-3549(F)

구로점 서울시 동작구 시흥대로 602, 3층 302호
02)858-8744 / 02)838-0653(F)

노원점 서울시 노원구 동일로 1366 삼봉빌딩 지하 1층
02)938-7979 / 02)3391-6169(F)

일산점 경기도 고양시 일산서구 중앙로 1391 레이크타운 지하 1층
031)916-8787 / 031)916-8788(F)

의정부점 경기도 의정부시 청사로47번길 12 성산타워 3층
031)845-0600 / 031)852-6930(F)

인터넷서점 www.lifebook.co.kr